审计漫行
三十年

顾文贤　著

立信会计出版社
LIXIN ACCOUNTING PUBLISHING HOUSE

图书在版编目(CIP)数据

审计漫行三十年 / 顾文贤著. — 上海：立信会计
出版社，2022.8(2022.12 重印)
ISBN 978 - 7 - 5429 - 7119 - 7

Ⅰ. ①审⋯ Ⅱ. ①顾⋯ Ⅲ. ①审计—文集 Ⅳ.
①F239-53

中国版本图书馆 CIP 数据核字(2022)第 208985 号

策划编辑　　窦瀚修
责任编辑　　窦瀚修
封面设计　　艾立信

审计漫行三十年

SHENJI MANXING SANSHI NIAN

出版发行	立信会计出版社			
地　　址	上海市中山西路 2230 号	邮政编码	200235	
电　　话	(021)64411389	传　　真	(021)64411325	
网　　址	www.lixinaph.com	电子邮箱	lixinaph2019@126.com	
网上书店	http://lixin.jd.com	http://lxkjcbs.tmall.com		
经　　销	各地新华书店			
印　　刷	上海盛通时代印刷有限公司			
开　　本	710 毫米×1000 毫米	1/16		
印　　张	18.25	插　　页	4	
字　　数	230 千字			
版　　次	2022 年 8 月第 1 版			
印　　次	2022 年 12 月第 2 次			
印　　数	6001—10100			
书　　号	ISBN 978 - 7 - 5429 - 7119 - 7/F			
定　　价	98.00 元			

如有印订差错,请与本社联系调换

序

　　相识满天下,知心能几人。我和顾文贤先生一起共事二十多年。他是我们立信会计师事务所的高级合伙人,是立信的顶梁柱之一,曾经担任三届中国证券监督管理委员会(以下简称"证监会")并购重组审核委员会委员。前不久,他把几十年职业生涯的人生感悟整理出来,准备出版,请我写序。我先睹为快,甚是欣慰。他有很多优秀的特质,我过去居然未曾发现。我很乐意,也很荣幸为这本书作序。

　　顾文贤是恢复高考后参加高考的第三届应届高中生,考取了上海财经大学(原上海财经学院,以下简称"上海财大")的会计学专业。这个专业始终是上海财大的王牌专业。毕业后,他先后在大华会计师事务所和安永大华会计师事务所工作,是中国注册会计师行业学院派的代表人物之一。世纪之交,他加入了立信。他较早发现并提出:国内一流的本土会计师事务所期望通过合并,迈入国际化大所的想法,只是一个海市蜃楼般的愿景。就这点而言,无论是从大的趋势还是从个人的发展角度来看,在舆论界普遍认为"用市场换技术"是一条最明智的选择时,他还能够保持着一份清醒和淡定,实属难能可贵。顾文贤加入立信,带来了一支学院派的团队,带来了一批优质的客户,也带来了他特有的国际化视野。毫无疑问,这为立信团队在视野、能力、规范等事务所内力提升方面,起到了积极的作用。

立信在时代发展的大潮中,成为勇立潮头的弄潮儿。作为全国人大代表,我曾数次在全国"两会"上提及注册会计师(CPA)要牢记使命和担当,加强风险管控。国家要制定相关法律,追究造假者的民事和刑事责任;中介机构要勤勉尽责。在立信会计师事务所的管理方面,我们要求全体员工牢记所训:信以立志,信以守身,信以处事,信以待人,毋忘"立信",当必有成。所有合伙人应当以风险控制作为事务所的生命线。我们一直践行着自己的诺言,多年来加大投入,引进了不少人才,顾文贤就是其中的代表之一。长期以来,全体同仁始终以"信"为宗旨,将"信"内化于心、外化于行,立信的路也越走越宽、越走越稳。

今天,读到顾文贤先生的这些文章,打心眼里高兴。仿佛这位老同事在与我就审计的话题促膝谈心,沟通交流。善于沟通是他一贯的风格。

注册会计师工作是一门实战型的艺术,既要有财务理论、准则规范的指导,又要面对各种人物和具体案例的挑战。顾文贤是一位经验丰富的合伙人,承接、组织和参与了很多重大项目,处理了不少棘手的问题,积累了丰富的实践经验。在本书的几十篇文章里,话题、案例均来自实际工作,文章并不仅仅是具体项目的经验总结,而是有很多理性的思考。本书不是教科书,也不是科研论文,而是对注册会计师执业逻辑的实践性的分析解读,有实际工作的困惑难点,又有对社会经济发展过程的分析和解剖,还有对注册会计师行业发展前景的预判。本书具有很强的针对性和指导意义,值得注册会计师行业的同仁们好好读一读。

顾文贤先生是个实干家。实干家有实干家特有的思考和胆略,这在本书的一些文章里有充分的体现。他敢于涉及别人不愿意涉及的领域和事件，观点明确，这需要很大的勇气。尽管有些观点未必被所有人认同，对于某些事情，不同的人有不同的理解，但是他不隐瞒自己的观点，是为了这个行业的健康发展，从中可以发现他的拳拳"赤子之心"。这个"赤子之心"在一些篇章中体现的是另外一种情怀，他庆幸自己遇上了一个好时代，好的立信平台。同时，他不断提醒同行：国家在预防系统性风险的时候，作为资本市场的"看门人"，一定要守住底线，保持职业的独立性；随着监管的严格，一着不慎，可能倾家荡产。有些话，大概只有他会这样直说。

有一点是大部分同事，也包括我原本没有发现的。顾文贤先生也是一位在文体方面有异常天赋的注册会计师。据说他少年时曾经受过乒乓球的专业训练，练的是最具中国特色的直板快攻技术，在立信是乒乓球高手。他还喜欢打牌，玩斗地主、德州扑克。很多人觉得这是他的爱好，是一种业余的休闲放松，但从他的文章里发现，即使在这样放松的状态下，他还会时时刻刻把休闲与自己的职业联系在一起，举一反三，从娱乐中发现道理。他是一位把职业当事业做的人，也因此会有这样的热爱和成就。

他的文章朴实无华，直截了当，有话则长，无话则短，不拘一格。正如他的工作作风：敬畏法律，敬畏规则；但在具体工作方法上，为避免风险，不怕突破审计计划和范围，实事求是解决问题。

作为立信的首席合伙人，我非常赞赏顾文贤先生的笔耕举措。他把自己几十年积累的宝贵经验和人生感悟毫无保留地分享给大家，开了个好头，可谓功德无量，值得大家好好学习，应该感谢、支持和鼓励。

今天，中国特色社会主义已经迈入了波澜壮阔的新时代。新时代产生新思想,赋予新使命,焕发新精神。处在新时代的会计人更是重任在肩,任重道远,逆水行舟,不进则退。在百年未有之大变局面前,我殷切希望立信人不负时代之厚爱,不负自身之努力,在立信的舞台上,展现自己的才华,谱写优美的华章。

　　是为序。

　　　　　　　全国人大代表
　　　　　　　立信会计师事务所(特殊普通合伙)首席合伙人

　　　　　　　2022 年 6 月 16 日

前　言

2020年，突如其来的新冠肺炎疫情好像让时间"停摆"，也让我突然有了比较多的空闲时间，但习惯忙碌的我却停不下来。没有了往日工作上的会议和电话，说实话，还有点不习惯。

一天晚上，靠在阳台的躺椅上，一会儿仰望星空，一会儿俯瞰浦江两岸的璀璨风光。过去、现在和未来，成功和失败、经验和教训，涌上心头。我觉得是不是应该写点什么，思量再三，应该写。就是记录我个人吗？不全是。有一点，就是想在退休前记录一些个人职业生涯的有意义的片段。但更多的是感恩，感恩这个时代对CPA行业和我个人的眷顾。

能够赶上时代的节拍是一种幸运。中学毕业有幸考入上海财经大学会计系，毕业之后有幸先后进入大华、安永和立信会计师事务所，这些事务所都是头部公司，也决定了CPA是我的归宿。CPA职业既让我提前迈入小康，也实实在在地让我触摸到时代的脉动。个人的命运，与一个行业、一个社会、一个国家的进步发展相连，参与和见证时代的发展，无疑是一种幸福。

经验、能力、努力和坚守，不仅是我们这个行业，也是所有行业的佼佼者都必须具备的条件。我一直提醒自己，我不是天才，没有什么天赋。但我欣慰,我曾经那样的奋发努力:扫街一样地拜访客户,连续几周加班到凌晨;遇到重大风险问题的前夜,还跟自己的团队或客户拍桌子,缓过神来,还得把项目好好完成。我总是不断总结经验,学习新的东西。即使后来成为项目合伙人,成为有限公司的高级合伙人,我的手机永远是 24 小时待机。不管是度假还是娱乐,手机铃响,与工作有关,我便一秒钟进入工作状态。我的一些文章谈到了打牌、谈到了外科医生,那是在那些场合遇到了工作上的事情,有感而发。

把职业当事业,把困难看成挑战,压力就会变成动力,挑灯夜战不会觉得苦,自我突破、自我提高也会水到渠成。

CPA 是一个需要终身学习的职业,因为社会在进步,经济在发展,规则也会处于动态完善之中;更重要的是制造风险的手段日趋隐秘而凶悍。是"道高一丈"还是"魔高一丈",取决于各方的"内力"比拼。因此,CPA 能力的提升永远在路上。但是,有些东西是永远不会改变的,比如,CPA 的独立性,职业怀疑精神,个人的道德素养,耐得住寂寞、经得住诱惑的定力。立信创始人潘序伦先生对要求粉饰报表的客户的态度很明确:"这种业务我所是绝对不接受的,我宁可放弃这种委托。"发展和传承是前行的两条腿,不可或缺。

职业会计师很辛苦,但苦中有乐。要知道,客户形形色色,职业会计师会在工作中遇到很多对手,若合法守规,互相尊重,对手也会变成朋友。职业会计师的团队同事各有风采,也会有很多有趣的事情发生。工作、娱乐,忙时忙成狗,玩时玩到疯。CPA 不是苦行僧,CPA 也有自己的快乐。生活有了宽度,同样的长度就会享受更多。

于是我就把一些有意义的事情,思考并写下来,想到哪就写到哪,都是自己的真情实感,没有考虑写成"不朽",也没有考虑使之艺术化和学术化,只是分享自己职业生涯的所感所悟。CPA 是门综合的艺术,有无穷的奥秘。

我希望,我讲的一些事例、一些观点对读者有所启发。

有些话题,因为敏感,还是有点担忧:会不会伤害某些人;有些事情,很多人不愿意说,是有一定道理的;有些观点,未必会被他人接受,何必要说。但是,我的初心是与人为善,与行业发展为善,与时代为善。我所说的事件案例均为自己所见所闻,因此坦坦荡荡,不怕让人尴尬。如果说得不对,欢迎批评指正。

几十年的风雨历程,放到千年的历史长河中,可能就是一层涟漪。但在这几十年,我们这个民族在时代的长卷上,不仅写出了波澜壮阔,还绘出了五彩斑斓。我感恩这个职业,CPA 签注的报告放到时代的大背景下,可以折射"两个一百年"的变迁。

最后,特别感谢那些为我提供、整理资料,对本书提出修改意见的师友,特别感谢陈继等同事。有的老师、朋友、同事提供很有价值的话题,拓展了本书的选题范围;有的不厌其烦,一遍遍地对文稿提出很具体的修改意见。这些修改和完善,与你们的热心支持、无私帮助分不开,感谢立信这个平台,让我的人生因此变得有声有色。

顾文贤

2022 年 6 月 1 日

目　录

第 一 篇

蓦然回首,春江潮水连海平

◎ 我们是时代的幸运儿

◎ 本土会计师事务所的发展历程

◎ 安永、大华的合并之殇

◎ 本土会计师事务所与"四大"的差距有多大

我们是时代的幸运儿

我们这一代CPA,参与这个行业的振兴,伴随中国经济的发展,是幸运的。

起步仓促,摸着石头过河。

监管重扶持引领,社会宽容。

发展迅速,享受上升的快乐。

规范就在眼前,未来可期。

我从事了近30年的CPA工作,有时候我会感慨,我们这一代人,曾经饿过肚子,也曾像海绵一样汲取知识,更是没日没夜地打拼过。我们这一代是幸运,还是悲催?认真想一想,还是前者。

记得恢复高考的第三年,我考进上海财经大学的会计系。现在的上海财经大学很牛,但那时,社会大众对会计的认识就是账房先生,记记账而已。

毕业以后,兜兜转转,我从事了CPA职业,伴随着中国经济的发展从风华正茂到霜染双鬓。回首几十年的经历,就CPA这个行业而言,我个人感觉,有N个没有想到。

第一个没有想到:起步如此仓促

中国的CPA行业,不是因为经济的内生发展而自然生长的,而是因为改革开放以后，为了与国际接轨，在各方面的促成下诞生的。

大致说来，从1981年我国改革开放以后成立第一家会计师事务所开始，到1990年上海和深圳成立证券交易所，是第一个十年。这一阶段是CPA行业自由生长的时期，也是野蛮生长的时期。1993年10月31日颁布的《中华人民共和国注册会计师法》，标志着我国注册会计师审计制度逐步走上了法制化、规范化的轨道。21世纪初的十年，CPA行业在发展中寻求趋同和规范。最近的十年，是注册会计师行业规范发展的十年。

我有幸在第一个十年进入CPA行业，感受其早期的幼稚，也目睹其发展和不断成长。现在回想起来，我有时候还会和同辈们自嘲：自己真的就是这么匆匆忙忙地上场了。

回想起早期的审计，真是忍俊不禁。那时，审计人才少、专业性不强、制度不规范、对执业会计师的管理也不严，而且从业人员中不论是CPA还是管理人员，退休、半退休的人员占了绝大多数。

早期的操作规程还没有形成严格的制度。很多人对审计结果是不是影响社会经济生活也没有深刻和系统的认识。简单地说，CPA不知道犯错会造成什么后果。当时，CPA的主要任务就是帮助客户纳税和验资。审计证据、工作底稿编制得非常粗糙。验资报告中虚假验资不是个别现象。不少CPA、客户公司也都不考虑出具虚假报告会有什么样的法律后果。

粗糙的审计，难道不会出现财务丑闻吗？那个时期的报告使用者一般是国有企业或境外投资企业，投资主体相对比较单一，投资者几乎没有造假动机，避税是客户公司最关心的事情，也是审计报告最关注的方面。因此，客观上几乎没有重大财务事件的发生。

还有一个重要的背景，当时民间审计只是政府审计的补充，国有企业由其上级实行监管，社会化的第三方审计所占比例很小，对经济环境的影响甚微，所以监管力度相对薄弱。从监管来说，当时，无论是政府监管者、社会公众还是被监管者，监管意识都不强，监管力度也非常有限。在那个阶段，我们像是一群自由的小孩，任意随性，快活成长。那时候，不仅审计这个行业在"摸着石头过河"，其他行业也是如此，既大胆改革又谨慎小心，摸索前行。

第二个没有想到：社会如此包容

随着证券市场的兴起和迅速发展，CPA 的服务空间迅速扩展，对审计报告的要求不断提高，影响力也逐步扩大。"四大会计师事务所"（四大国际会计师事务所，简称"四大"，分别是普华永道、德勤、安永和毕马威）进入中国大陆市场，其规范化的鉴证、服务理念和方法，为CPA 行业带来了全新的样本。社会对规范审计程序和审计风险有了全新的认识。这是对当时尚不规范的本土 CPA 事务所的一次冲击，要么适应社会规范化的要求，要么被历史淘汰。大多数本土事务所经历了一个很强的阵痛过程，在发展过程中摇摇摆摆地跟上了时代的步伐。

这个过程虽然痛苦，但 CPA 还是幸运的。我国资本市场监管的特点，是以政府监管为主。政府参与事前、事中和事后的全程监管。监管部门对市场主体以及参与方进行呵护、批评和处罚。CPA 在这样的环境下，在观念上就是积极执行政府的指示，按照监管部门的要求进行审计。实际工作中，只要监管部门认可，所有的问题就解决了。

大量的案例表明，基于这样的监管环境，社会各界对 CPA 的不够勤勉尽职行为还是相当的宽容,社会舆论对舞弊造假的上市公司的"讨伐"批判声音很大,但很少对 CPA 进行严肃追责。历年来证监会处罚的大量案例也表明,对 CPA 的处罚以警告、禁止市场准入为主,即使处以罚金,数额也不是很大。一个 CPA 今天被禁止进入市场,明天换一家事务所,依旧可以执业工作,只是不能签字而已。纵观几十年,参与舞弊造假的 CPA 几乎没有被提起民事诉讼和赔偿的,更鲜有被投资者诉讼导致倾家荡产的。这就是我认为的社会的宽容,也是我们曾经的"幸运"。

第三个没有想到：发展如此迅速

仓促上阵和社会宽容,在 CPA 行业发展初期是可以理解的。随着社会的进步和经济的发展,需要规范化的审计,也需要一支专业的 CPA 队伍。《证券法》的修订以及相关专业制度的出台和实施,监管的法制化、市场化手段的提高,毫无疑问是对 CPA 队伍的一次洗礼。

曾经有人问我,监管的法制化、市场化是不是意味着注册会计师的好日子到头了。我的回答是:"恰恰相反,这才是 CPA 真正好日子的开始。"

一个从业几十年的 CPA,对这个行业充满了情感,他是期待这个行业健康发展、行稳致远,还是希望这个行业长期处于幼稚阶段呢?答案是前者。这个行业成熟稳健,既是这个行业的幸运,也是这个行业从业人员的幸运。

我认为幸运的理由,还有一个很好的佐证。经过近 40 年的发展,我们这个行业聚集了大批会计、金融、税务、综合管理等方面的优秀人才，行业从业人员目前近 40 万人，为包括 4 000 余家上市公司在内的超过 420 万家企业、行政事业单位提供各类咨询服务。1999 年全行业业务收入只有 52.26 亿元，2020 年收入达到 957.52 亿元。其实，我真的不想列举那么多的数据变化，因为我们国家其他行业发展增加的数据也很惊人，CPA 行业的发展只是国家发展的一个缩影。

从业 30 年，我亲身经历了 CPA 行业发展的风雨历程，从学步时的跌跌撞撞到规范的阵痛，一转眼，这个行业发展如此神速，而我作为这个行业的一员，体味了其中的甜酸苦辣，难道不是一种幸运吗？

第四个没有想到：大众如此关注

CPA 是一个专业性很强的行业，也是一个小众行业，是在大企业、大公司、大众瞩目的经济活动的背后，做一项提供鉴证的工作。就工作性质而言，它是不想站在聚光灯下的行业。但是，在今天的社会生活中，CPA、会计师事务所，特别是"四大"，都是社会大众耳熟能详的名字。

20 世纪 80 年代，看境外的报纸，以中国香港地区为例，一份报纸几十个版面，其中就有十几个版面登载股市信息，哪个股票涨，哪个股票是"仙股"。记得有位媒体朋友告诉我："这才是经济中心的样子，金融股票信息是媒体追踪的主要对象。"

20 世纪 90 年代以后，我国的媒体也进入了追踪股市信息的时代。原因何在？就在于上交所和深交所的开创，普通百姓迅速成为投资者，尽管个人投资的单个金额很小，但这个群体的绝对数量极其可观，股市迅速成为中国老百姓生活的一部分。了解上市公司年报成为这些中小股东的一项必修课。

最为典型的是2001年爆发的"蓝田事件"。经济学家刘姝威于2001年10月9日开始对上市公司蓝田股份的财务报告进行分析。刘姝威认为：蓝田股份的短期偿债能力很弱，已经成为一个空壳，完全依靠银行的贷款在维持生存，这是非常危险的。为此，刘姝威写了一篇短文《应立即停止对蓝田股份发放贷款》。此后不久，有关银行相继停止对蓝田股份发放新的贷款。"蓝田事件"让社会大众发现，一份财务报表蕴含的信息如此丰富，读懂财务报表，了解财务信息是多么的重要。

社会大众关注经济活动，是因为大众的利益与社会的经济活动紧密相连。大众不仅关注上市公司的行为，也关注监管层的作为，同样，也盯着提供中介服务的会计师事务所的行为。

所以，当一个行业的工作成果被社会大众关注，就显示了这个行业存在的最大的价值。更重要的是，这种关注时时如警钟长鸣，提醒我们独立规范。

第五个没有想到：未来如此可期

中国的经济发展出乎大部分人的预期，同理，法规、制度的完善也超出不少人的预期。西方制度建设经历了数百年的发展，才形成了目前较为完备的体系，我们在借鉴的基础上，可以少走很多弯路，然后结合我们国家的特点，迅速建立行之有效的法律制度。

2020年4月15日，国务院副总理刘鹤主持国务院金融稳定发展委员会第二十六次会议，会议"专题研究了加强资本市场投资者保护问题"。

我特别注意到与我们这个行业密切相关的一句话:"压实中介机构责任"。这预示着中国股票市场誓以"铁的纪律"清除败类,守牢市场底线。而 2020 年 3 月 1 日,新修订的《证券法》已对注册会计师行业产生重大的影响,有利于行业的正风肃纪,我们要勤勉尽责,注重执业操守,严守职业道德,更加慎重地出具相关报告。

CPA 应随着法制化、市场化程度的深入,理解监管层采取各种严管措施的本意。在明确资本市场所有参与者的权利和义务之后,大家可以各司其职,各尽其责,按部就班地完成自己的本职工作。

在这种严管的高压态势下,如果会计师事务所、CPA 在执业中置法律于不顾,不收敛、不收手,恣意舞弊枉法,因此受到严厉的行政处罚或承担法律责任都是咎由自取。

看来,我们这一代人曾经历的"温和的监管"已成为历史,新一代的 CPA 将在更严格规范的环境里成长。表面上看,他们可能没有我们那样"幸运",但这有利于整个 CPA 行业的长治久安。从这个意义上来讲,新一代的 CPA 们也是幸运的。

法国的大文豪雨果曾经说过:进步,意味着目标不断前移,阶段不断更新,它的视野总是不断变化的。CPA 行业的发展,目标也应该不断前移,视野也应该不断扩大。现在,我们面临着复杂的外部环境变化,修炼内功,显得更加迫切。

总之,能够站在时代的风口上,是我们最大的幸运。

本土会计师事务所的发展历程

——改革开放是本土会计师事务所发展的原动力

注册会计师是市场经济发展到一定时期的必然产物,中外皆如此。

我国的会计师事务所诞生于 20 世纪初,蓬勃发展是在改革开放之后。

国内的会计师事务所由小到大,由弱到强,伴随中国经济的发展,走出了一条完美的上升曲线。

相信随着社会的进步和经济的发展,注册会计师行业会继续向更加协调均衡的方向健康发展。

会计师事务所的产生和发展,始终与社会经济、社会形态紧密联系,融为一体。我国会计师事务所走过的路反映了我国社会经济发展、经济体制改革和社会治理的进步。

会计师事务所的内核是注册会计师制度。没有注册会计师,事务所就没有存在的意义。而注册会计师产生的根源,在于所有权和经营权的分离。

1. 注册会计师的产生和国内早期会计师事务所的萌芽

独立会计师萌芽于 16 世纪意大利的威尼斯,成形于英国。18 世纪,英国的资本主义经济迅速发展,生产经营趋于社会化,尤其是股份有限公司的兴起,企业所有权社会化,与经营权分离。出于自身的利益,各类股东、证券市场上潜在的投资人,以及由于金融资本的发展而形成的债权人,需要了解公司的生产经营情况。公司的财务报表是最直接反映公司经营状况和经营成果的,因此,客观上产生了独立会计师对公司财务报表进行审计的要求,以保证财务报表真实可靠。1724 年,有一位叫斯奈尔的会计师,以"会计师"名义出具了"查账报告书"。一般认为,斯奈尔的这份报告标志着独立会计师的诞生。

然而,从独立会计师的诞生,到形成一个完整的注册会计师体系和制度,英国经历了 100 多年的历程。1844 年,英国颁布了《公司法》,规定股份公司必须设监察人,负责审查公司的账目。1845 年,英国又对《公司法》进行修订,规定股份公司的账目必须经董事以外的人员审计。1853 年,苏格兰爱丁堡创立了第一个注册会计师的专业团体——爱丁堡会计师协会。该协会的成立,标志着注册会计师职业的诞生。1862 年,英国再次修订《公司法》,确定注册会计师为法定的破产清算人,奠定了注册会计师审计的法律地位。

20 世纪伊始,美国在世界经济的发展中占据重要位置,在审计制度和方法上有很多创新,其经济形态和方式的变化也深刻影响了注册会计师的发展,并影响至今。

中国注册会计师、会计师事务所的历史比西方国家要晚。辛亥革命以后,中国的社会治理基本上是模仿西方发达国家的模式。1918 年 9 月,我国第一部注册会计师法规——《会计师暂行章程》公布试行。著名会计学家谢霖领取了中国第一号会计师证书,成为中国第一位注册会计师,并创办了中国第一家会计师事务所——正则会计师事务所。但因当时他还担任中国银行总司长等职务,所以并未投入全部精力执行会计师业务。此后,国内一批会计师事务所相继成立,潘序伦先生在1927年创办了潘序伦会计师事务所,后改名为立信会计师事务所,是早期国内最有影响的会计师事务所之一。

到1947年,全国已拥有注册会计师2 619人。但是,由于当时中国经济落后,会计师事务所主要集中在上海、天津、广州等沿海城市,服务于极少数企业。注册会计师审计也未能发挥应有的作用,其业务主要是为企业设计会计制度、代理申报纳税、培训会计人才和提供其他会计咨询服务。

中华人民共和国成立初期,注册会计师和会计师事务所还存在了一段时间,主要是为私营企业服务,审计在经济恢复工作中发挥了积极作用。当时,不法资本家囤积居奇、投机倒把、偷税漏税,给上海等地的财政造成了极为恶劣的影响。负责财经工作的陈云同志雇用注册会计师,依法对工商企业查账,打击一些资本家的不法行为。这对平抑物价、保证国家税收、争取国家财政经济状况好转做出了突出贡献。

1956年以后,我国完成了对民族工商业的改造,私营企业逐步转变为公私合营或全民所有制企业,以商品和市场经济为存在条件的会计师事务所暂时退出了经济舞台。

2. 会计师事务所的再生

我国的会计师事务所从1956年至1980年,停办了20多年,已是今非昔比,物是人非。会计师事务所的恢复并不是那么简单,更重要的是,改革开放以后的中国,更不是 1949 年以前可以比拟的,所以,我把改革开放以后恢复的会计师事务所称为"再生"。

1978 年 12 月,党的十一届三中全会在北京召开,我国确定实施改革开放政策,全党工作的重点已转移到社会主义现代化建设上来。从此,改革开放成为中国社会和经济发展的主旋律。

随着改革开放的推进,一批"三资"企业相继成立,按照国际通行做法,需要注册会计师为"三资"企业提供验资、查账和清算等审计服务,这成为我国改善投资环境、吸引外资的必要条件。1979 年,国家酝酿恢复重建注册会计师行业,那时一批老一辈的会计师还健在,对这个行业的"再生"起了很大的作用。1980 年 12 月 14 日,《中华人民共和国中外合资企业经营所得税法实施细则》公布施行,规定了中外合资企业的财务报表需经注册会计师审计。同年同月的 23 日,财政部发布了《关于成立会计顾问处的暂行规定》,标志着我国注册会计师行业雏形的诞生。由于时代原因,最初注册会计师的单位称为"会计顾问处",后改称"会计师事务所"。

1981 年 1 月 1 日,由财政部批准独立承办注册会计师业务的会计师事务所——上海会计师事务所成立,这是中国恢复注册会计师制度后成立的第一家会计师事务所。1986 年 7 月 3 日,国务院颁布《注册会计师条例》,注册会计师、会计师事务所的名称才正式规范起来。

我所在的立信会计师事务所,是潘序伦先生于 1927 年创办,在改革开放大潮推动下,于 1986 年恢复,是国内较早建立的会计师事务所之一。2000 年成立"上海立信长江会计师事务所有限公司",2007 年更名为"立信会计师事务所有限公司",2010 年变更为"立信会计师事务所(特殊普通合伙)"。

改革开放早期的会计师事务所带有明显的计划经济痕迹,基本上由政府部门、高校,或者企业发起创办,当时的注册会计师也是公职人员。第一家事务所——上海会计师事务所,就是由上海市财政局的部分退休老同志和在职员工组成。西方国家一般是先有注册会计师,然后由注册会计师创办事务所。改革开放之初,我国会计师事务所是适应改革开放后市场化的需求,由政府着力推动创办。

以后,纯粹民间的会计师事务所相继成立。但是,这些事务所同样需要一个上级机构,于是出现了一个当时特有的现象——"挂靠",也就是必须有一个实体单位作为事务所的创办机构。直到1999年,会计师事务所改制以后,完成了与创办单位的脱钩。

3. 由小到大,发展迅速

注册会计师行业再生之时其实是从零开始的。20世纪80年代第一批认定的注册会计师只有数十人,且80%以上是60多岁的老同志。据上海会计师事务所的老同志回忆,当时所里唯一一位副主任会计师是退休返聘的老同志。山东的一家事务所,创业之初只有七八个人,为了招揽业务,合伙人骑着自行车跑市场,当年最大一笔业务也就几千块钱,第一年全所收入还不到50万元。

会计师事务所的发展,得益于中国改革开放的大环境,得益于中国经济体制改革的不断深化,经济的高速增长,以及一系列的制度创新。1990年12月,上海证券交易所成立,股份制企业的大量涌现,为注册会计师行业发展注入了巨大动力。1997年,国家相关部门规定,原来由财政部门审核的国有企业财务报表,全部改由注册会计师审计。至此,对企业的监管由原来垂直的自上而下的路径,转化为横向的社会的路径。注册会计师就此全面渗透经济领域的各个方面。

注册会计师行业,是改革开放培育、壮大的行业。同样得益于改革开放带来的经济繁荣,我们立信所从复办初期的 100 多人,发展到今天,从业人员 10 000 余名,其中执业注册会计师 2 000 余名。立信所现有客户遍布全国各地,其中上市公司 600 余家,外商投资企业 2 000 余家,并为大型央企、国有集团、银行、证券公司、期货经纪公司、保险公司、信托公司、基金公司等提供审计及相关业务。

由于发展迅速和良好的职业前景,注册会计师已成为越来越多的年轻人职业发展的首选,2018 年报考注册会计师人数达到 139 万人,近几年报考人数一直保持快速增长的态势。注册会计师的执业证书,也成为社会上含金量颇高的证书。

4. 由弱到强,从无序到有序

回顾国内会计师事务所的发展过程,我们必须承认,其是从简单模仿、借鉴的无序状态,逐步走向规范有序。

今天我们看到中国改革开放取得的举世瞩目的成就,不要忘记改革的艰辛。凡经历了改革开放初期转变思想、解放思想,再到付诸改革行动那一段过程的人们,就会感慨改革真的不容易。改革开放的每一步进程都是筚路蓝缕,摸着石头过河。会计师事务所的发展又何尝不是如此。

会计师事务所执行业务的一个基本原则是独立性原则。早期的会计师事务所形式上叫"自负盈亏",貌似独立,但由于是某个地域、某个机构创办的,其实做不到真正的独立。据统计,截至 2000 年年底,国内排名前 100 名的有证券审计执业资格的会计师事务所的本地业务占比达 79%,一般事务所的本地业务占到 83%。地域和行业的垄断,揭示的是会计师事务所的业务受到更多的专业以外的掣肘。

会计师事务所发展初期受到的牵制大致有以下几个方面:一是市场化程度不高,行政干预还存在;二是地域和行业的牵制;三是注册会计师的专业化程度不够;四是监管制度还在建立和完善之中;五是大量需求下的行业恶性竞争;六是会计师事务所多而规模小,无法形成标杆影响。

据了解,自 1990 年上海和深圳证券交易所相继成立以后,注册会计师的执业能力因多起事件受到质疑,深圳原野、长城机电、海南中水国际的财务报表舞弊造假事件对注册会计师的公信力造成很大冲击。1997 年,注册会计师的信誉再次遭到重挫,琼民源、东方锅炉、四川红光等上市公司的报表存在重大欺诈行为,而这些报表都是经过注册会计师审计并签署意见的。直到进入 21 世纪,证监会又立案查处了一批财务报表舞弊造假案件,均涉及注册会计师的审计舞弊行为。最为典型的是湖北的一家会计师事务所,1 年之内至少为 4 家上市公司伪造"骄人业绩"。

我列举案例,并不是揭我们这个行业的短,而是想说明我们这个行业从无序走向有序的艰难。其实,想想当时,国务院总理朱镕基为北京国家会计学院题词"不做假账"就能够理解其深刻内涵,我们不能忘记那一段时间的教训。注册会计师和会计师事务所的发展路径和我国经济的发展路径是基本吻合的。

值得庆幸的是,所有走过的"弯路"都及时得到了修正。随着改革的深入，我国的会计标准、审计标准、道德标准也不断建立和完善。对照国际标准这个参照系，从借鉴模仿到互相协调，最后达到趋同。以审计准则为例，2006 年年初实现与国际审计准则的趋同，建立起一套既适应我国社会主义市场经济建设要求，又与国际准则相接轨的审计准则体系；2010 年 11 月，对 38 项审计准则进行了修订，保持了与国际准则持续全面的国际趋同；2016 年，财政部又颁布了最新的审计准则。特别需要说明的是，相当部分的会计师事务所，深刻认识到注册会计师的社会责任，追求审计质量，完善了内部监督审核机制，并逐步形成了自己的企业文化，对自身和行业的发展有了更高、更明确的追求。

在这个发展过程中，1992 年，经财政部批准，安达信华强、毕马威华振、安永华明三家中外合作的会计师事务所成立。不久，世界"五大"会计师事务所（指普华永道、德勤、安永、毕马威和安达信五家会计师事务所，简称"五大"。2002 年，安达信因参与造假而倒闭，"五大"变为"四大"）全部进入中国，其专业能力为国内的会计师事务所树立了标杆。2001 年 12 月 11 日开始，中国正式加入 WTO，整个行业的开放程度大大增加，竞争更趋激烈，但也创造了更多的学习和走出去的机会。我国先后加入亚太会计师联合会（CAPA）和国际会计师联合会（IFAC），并派员担任其理事；向国际审计与鉴证准则理事会（IAASB）等有关国际组织选派代表，与 30 多个国家和地区的 50 多个会计师职业组织建立了交往和合作关系，国际影响力和国际地位日益提高。

回眸历史，更是为了创造未来。作为一名资深 CPA，我深感我国的注册会计师和事务所与国家的命运紧紧相连，与改革开放紧紧相连。潘序伦先生 20 世纪 20 年代创建了立信事业，历经百年，到了今天，立信呈现出无比蓬勃兴旺的景象。相信随着我们国家的进步发展，注册会计师行业会继续向更加协调均衡的方向发展，不断进步，更加兴旺。

安永、大华的合并之殇

在大环境不具备国际化条件的情况下,貌似强强联合,但达不到 1+1>2 的效果。

体量和文化的差异,导致群体利益的不平衡,碾压了脆弱的人际关系。

本土失去了最优秀的事务所。

今天,我们已经具备了国际化的条件。

2001 年,经财政部与原外经贸部批准,由香港安永会计师事务所(以下简称"安永")与大华会计师事务所(以下简称"大华")合并成立的安永大华会计师事务所有限责任公司(以下简称"安永大华")在上海正式挂牌。这次合并,是整个行业的大事,被称为"世纪联姻"。然而,合并 8 年后的 2009 年 6 月 5 日,财政部、证监会发布公告,收回安永大华等七家会计师事务所的证券业务许可证。曾经的"世纪联姻"就此泯灭,在本土注册会计师行业名列前茅的大华会计师事务所也香消玉殒。

我是在 20 世纪 90 年代初进入大华会计师事务所的,大华的领导是我大学的老师,同仁大多是我的校友。当时的大华在本土事务所的口碑很好,制度规范,人脉资源丰富,市场资源充足。我在这个集体里工作非常愉快,并迅速成长为一位比较优秀的CPA。大华改制后,我又和安永的同仁一起工作了几年,在国际化的环境里受到熏陶,开阔了视野。我对大华是有深厚感情的,毕竟在大华贡献了最富有激情的年华。作为当时身在大华的CPA,我目睹了整个合并的过程。即使后来离开了大华,我也始终关注安永大华,得知安永大华被收回证券业务许可证,我心中可谓五味杂陈。

十几年的世事更替,现在能够静下心来,客观理性地回顾当时的情形,还原一些自己亲历的事件,也算是对自己,对昔日的同仁,对当年大华的一个交代,更是对我们整个行业未来的一种期待。

1. 一个很美好的初衷

大华会计师事务所成立于1985年,绝大多数成员是上海财经大学的老师和历届上海财经大学的毕业生,挂靠在上海财经大学,历任董事长和主任会计师都是会计学的泰斗。大华会计师事务所是国内首批取得证券、期货相关执业资格的会计师事务所,也是首批具有从事金融业务审计资格的会计师事务所。大华因此也被称为注册会计师行业中的"学院派"。

1990年,上海证券交易所和深圳证券交易所相继成立,大华的发展进入了黄金期,无论是从业人数、人员素质和市场占有率,还是业务质量和规模都上了新的台阶,确立了自己的品牌和龙头地位。据证监会首席会计师办公室编辑的《谁审计中国证券市场》一书披露,2000年大华审计上市公司资产总规模连续三年位列全国第一。大华无疑是当时本土会计师事务所的标杆。

安永是当时世界著名的"五大"会计师事务所之一。1981 年，安永成为最早获得中国政府批准，在北京设立办事处的国际专业服务公司之一。1992 年，安永在北京成立安永华明会计师事务所，全面进入中国市场。

一个是世界著名的会计师事务所，一个是中国最大最受推崇的本土会计师事务所，双方的合并在很多人看来，极具强强联合的时代特征。

从社会发展的宏观角度看，世纪之交，正是中国加入 WTO 的前夕。一方面，随着当时中国经济的对外开放，大量外资企业涌入，国际会计师事务所顺势进入中国是一个无法阻挡的现实。另一方面，中国经济融入国际大家庭，也迫切需要国内刚刚发展起来的会计师行业尽快具备国际视野和提高执业水平。

因此，财政部鼓励有一定基础的国内会计师事务所与国际知名会计师事务所进行合作，既是现实的需要，也有期望本土事务所尽快成长，尽快进入中国高端市场的长远考虑。1999 年，财政部发布的《会计师事务所脱钩改制实施意见》中的第六条明确表示："事务所在脱钩改制过程中，鼓励就近就地实行联合，鼓励兴办合伙制事务所。提倡规模大、人员素质高、社会信誉好的事务所，积极与国际会计公司和外国大型会计师事务所进行合作。"

就两家事务所的发展战略和资源互补而言，当年安永大华在中国证监会的介绍上是这样表述的："安永与大华的合并是安永的本土化战略与大华的国际化战略共同促成的结果，不仅有利于利用安永的国际市场经验和品牌优势、全球技术支持资源和成熟的管理技术，还可以发挥大华在国内市场的良好基础和在天时、地利、人和方面的综合优势,在更广阔的舞台上、更高层次的业务领域中为中外客户提供全方位服务。"

在中国资本市场开放和国际化的大背景下,安永和大华两个具有标杆意义的会计师事务所合并,可谓是当时业内大多数人的期待。初心美好,愿景广阔。

2. 基于合并的改制,引发大华第一波动荡

就合并前后的发展状况分析,安永的目的相对比较简单,首先是希望借助大华在国内的资源,扩大在中国资本市场的影响,扩张在中国市场的份额,通过全面引进安永的价值观、管理模式,改造大华。曾经有人认为,合并使安永消化了一个潜在的竞争对手。这个说法是过于高估了大华。

在大华这边,对于合并,不同层次的 CPA 有不同的期待。

整个社会对国际化的呼声很高,"做大做强""借船出海"是社会的共识。当时,大华会计师事务所的主管单位——上海财大的主要领导和事务所的主任会计师都期望大华再上一个台阶,希望通过与安永的合并,利用安永的品牌技术和风险控制制度开拓市场,特别是高端市场。当然,就个人而言,事务所的主要负责人到了退休的年龄,希望有生之年做一件可以被后人称道的"大事",留下自己事业的痕迹。同时,当时上海财大主管事务所的校领导已经离职,任职于国际会计准则委员会,需要一个平台作为事业的新起点。就事务所年轻一代CPA 而言,憧憬"国际所"的声誉,希望在"国际所"工作的愿望也是比较强烈的。

一家国际知名的会计师事务所，目标单一；一家本土的会计师事务所，满怀期待。这两家会计师事务所在体量和商誉上的悬殊不言而喻，在合并之初明眼人一看就知道，将来谁占主导地位。这个主导地位在大华改制的时候就直接体现出来。1998年，大华按照财政部关于会计师事务所脱钩改制实施意见的要求，与上海财大脱钩。按规定，合乎出资条件的CPA都有资格成为出资合伙人。然而，为了便于安永、大华合并以后的人事安排，在安永的授意下，大华会计师事务所限定出资人不超过7人。

围绕改制的7位出资人，大华内部出现了动荡。

出资人的构成，决定了大华资产的归属，更重要的是决定走什么样的合并之路。因此，在大华内部引发的第一波动荡是出资人组成的博弈。这一波动荡的平息，首要原因是当时大华的骨干CPA年龄大都在40岁左右，虽然处在资本市场的前沿，但毕竟没有经过市场的充分洗礼，对脱钩改制的意义理解不透，远远低估了改制后出资人的作用和影响。第二个原因是主任会计师的个人威望。主任会计师是上海财大的教授，会计学的泰斗，大华的骨干大多出自其门下，碍于师生关系，一些骨干选择了默认，或者说有条件地默认。最后，事务所7位发起人的年龄构成是：1位主任会计师，已经70多岁，3人接近60岁，3位40多岁。这个构成没有经过广泛的民主程序，却是经过精心谋划的，中青年和接近退休的准老年人的诉求不同，最后的决定权则在更年长的主任会计师那边。这个貌似完美的平衡机制，在改制7个月后，主任会计师因被中国注册会计师协会（以下简称"中注协"）以年龄偏大，不能担任主任会计师而取消了其发起人岗位，主任会计师则由上海财大前校长接任。这个结果是一部分人没有想到的。考证其中的缘由,现在已没有太大意义,但主任会计师的离去,无疑打破了原本脆弱的平衡。

3. 合并路径的准备不足,引发大华的第二波动荡

大华改制完成,成立了大华会计师事务所有限公司,首先面临的就是与安永合并的战略决策。从道理上讲,走什么道路应该由事务所主体 CPA 一起来共同讨论、共同研究,决策者应该在听取了各方建议的前提下,作出理性判断。但是,大华在战略选择的时候没有正确认识到这一点。

大华的核心团队与安永谈判伊始,就暴露了大华在合并战略上的定位偏差。安永提出的合并路径超出了大华发起人的预计。安永的要求是合并以后整个制度体系完全安永化。现在冷静地回头看,不是安永强势,是大华核心团队的自我认识不足。试想一下,一个世界著名的会计师事务所,怎么可能摒弃自己几十年、上百年在国际市场上磨砺形成的制度体系,屈尊迎合一个只有十几年历史,在市场经济不成熟的基础上成长的本土事务所。合并的优势互补瞬间变成了一厢情愿。

由此,在大华内部引起的动荡,超过了改制时发起人选择引发的动荡。大华年轻的骨干 CPA 注重经营权与话语权,而年长的一方更注重现实的利益。在确定合并战略的时候,大华内部的分歧日趋严重,有人甚至把这种分歧形容为"争斗"。

这种分歧的直接后果,一是没有一个完整而清晰的谈判目标和具体诉求,在合并谈判过程中不能形成合力;二是导致了大华 CPA 工作

的不稳定性,员工们都严重缺乏归属感和安全感,他们不知道合并以后事务所会变成什么样。

说实话,如果在这个时候,大华能够暂时中止合并的谈判,先厘清内部分歧的原因,协调统一大部分人的意志,然后再启动合并事宜,或许结局会不一样。然而,由于合并是各方面期待的"大事",有关部门早就表态,期待促成这次合并,媒体也多次报道,方方面面都等着这次"国际化"和"本土化"的"世纪联姻"。同时,原来大华的资产和利益也处置完成,已经获得巨大利益的这一部分人员,不可能终止合并。后来的事实也表明,当时大华的合伙人不久后相继离开安永大华,离开这个行业,但他们获得的权益受益终身。

现在,回过头来看这波动荡,人们会发现,大华的"合伙人"对于合并的准备严重不足。前期的准备工作主要在人事安排,确定谁是合伙人和资产的处置。当人事和资产处置完成后,谈判遇到问题时才发现,最应该准备的是合并的具体目标,特别是大华最有价值的东西是什么,能不能在合并以后有所保留和如何保留等问题,这些核心问题事先并没有真正谋划过。此时,原本大华的收益,以及投资的评估公司、造价公司等已经被"处置"完毕,合并的程序已经开始,所谓"开弓没有回头箭"。合并双方的谈判变成了大华内部的互相扯皮,也变成了大华和安永关于控制权、客户资源等议题的扯皮。最后的选择就是把大华送给安永,完成这一"使命"。至于今后的发展,就看安永如何管理,看CPA各自的造化了。因此,合并的双方都留下了一条尾巴,安永华明没有注销,大华的壳保留。

此时,安永大华在证监会介绍的愿景,"发挥大华在国内市场的优良基础和它在天时、地利、人和方面的综合优势,在更广阔的舞台上、更高层次的业务领域中为中外客户提供全方位服务",在合并的谈判中失去了实现的路径。合并的战略模糊,动摇了大华骨干CPA的人心,甚至动摇了部分大华会计师事务所有限公司年轻合伙人的意志。

4. 合并以后的安永化,大华的第三波动荡

两家会计师事务所合并以后,两种不同的管理制度、企业文化发生了无法回避的碰撞。

首先是制度的碰撞。安永大华根据合并时的协定,采用安永的技术专业标准和管理制度。但是两家事务所在合并前的行为规范、业务流程、业绩评价、激励报酬等体系等都存在很大差异。

这是一次伤筋动骨的改造。其中最重要的一条,就是对客户资源的控制。对于会计师事务所而言,客户资源是其最重要的资源之一。类似安永这样的国际知名会计师事务所,资源的控制权由会计师事务所来掌握,而本土会计师事务所的客户资源控制权是多样化的,既有会计师事务所掌握的,也有不同层级的CPA掌控的。那些没有成为合伙人的骨干CPA,如果不能再拥有对客户资源的控制,失去合并前能够获取的控制权收益,多年的心血将付诸东流,这些骨干将面临去留的选择。

安永的国际化管理模式,小到员工的着装,大到业务的承接以及报告的出具等,都有一整套规范细致的管理制度和执行要求。这些制度是安永百年执业所形成的宝贵经验。但对于大华的员工来说,这些制度有些过于繁琐和严格,在执行过程中难以适应。由于安永大华完全采用安永华明的制度和方法,部分中小型企业在安永大华无法享受

最优质的专业技术服务,包括在安永看来,风险比较大的大客户也在被淘汰之列,直接导致安永大华丧失一批客户资源。

其次是企业文化的碰撞。安永经过 100 多年的发展,服务网络遍及世界,员工来自不同国家,具有不同的专业和教育背景,整合成了一种安永文化。亚洲区域的员工主要来自中国香港和新加坡,"港味"很浓。大华会计师事务所以上海为基地,人员以上海财大师生为主,事务所充满着浓郁的海派文化氛围。安永与大华合并后,两种不同文化发生碰撞,在沟通交流方面不顺畅,加之安永制度的全面推广,这种制度引发的不适在文化和感情不相容的催化下,反应更加负面,特别是大华原主任会计师——"授业恩师"的离去,失去了"缓冲",原来大华的员工队伍更加不稳定。

5. 一个黯淡的结局

安永大华的合并结局是失败的。大华想充分学习安永的管理和执业经验,保留大华的品牌和独立性,走向国际化,初心昭昭。合并后的安永大华全盘吸收安永的管理模式,使大华原有的一些适应中国市场的管理和执业经验悄然湮灭,国际化和本土化并没有完美融合,只有大华被安永化。

可以说,大华改制引发的是"精英"CPA 的动荡,合并的路径引发的是骨干 CPA 的动荡,而制度和文化的碰撞,直接导致了一个团队的动荡。合并的开始,就是分离的开始,直接后果是骨干和客户的流失,规模排名的下滑。

据了解,一方面是骨干 CPA 的客户资源被纳入会计师事务所控制,另一方面是员工不能快速融入安永的管理体系,大约80%的原大华人员(包括一部分发起人)陆续离职出走。同时,一批客户资源也被随之带走。在2001年大华拥有的46家客户中,先后有17家上市公司在2年之内发生变更。这些客户的变更,有些是由于安永严格的客户承接制度而主动放弃,但也有类似上海机场等优质客户的被动流失。

另外,根据中国注册会计师协会的相关统计资料,2006—2008年,安永大华会计师事务所在我国会计师事务所综合评价前百家信息中分别排名第17位、第22位和第23位。合并之前的上海大华,连续多年位居本土事务所的前列,合并之后的短短几年,情况是一年不如一年,直至解体,大华这个"学院派"的品牌也从此失去了传承。业内甚至有这样的传言,安永并没有融合吸收大华,最终融合吸收大华的是立信,因为立信吸收了大华最多的骨干CPA和客户资源。

对于这个结局,业内有两种不同的看法。

一种看法是,安永大华的合并和解体,各方没有一个是赢家,安永花费了很大代价,并没有达到做大安永大华的目的,最后黯然收场;大华也没有成功,安永大华的排名一再下滑,骨干和客户流失,最后解体,大华的品牌付之东流;大华的骨干CPA和员工更没有赢,辛辛苦苦地工作,原希望可以与大华共同成长,做大做强大华,也能做强自己,但合并以后,以往的努力成就清零,不得不出走他处。从整个社会层面看,中国本土会计师行业也没有赢,本以为可以培育一个国际化事务所,短短几年,最有可能做强的大华却寿终正寝。

另外一种看法是,这次合并只有一个赢家,那就是安永。安永的壮大就是在不断合并的过程中逐步完成的,其懂得并善于将合并另一方的资源融于自身的核心竞争力之中,大华没有通过合并走向国际化,但安永通过合并了解了中国注册会计师行业。安永大华这一品牌并没有实现良性发展,最终解体,但安永却在中国迅速扩张,而且在中国少了大华这样一个竞争对手。安永大华合并以后,当时的"五大"在中国攻城略地,挤压本土事务所,迅速扩张。安永为合并所支付的代价,与安永在中国扩张带来的好处,是不能相比的。

安永大华的许可证被收回了,合并的大戏拉上了帷幕。结局就一个,世上从此无大华。财政部、证监会在 2009 年收回了安永大华的证券业务许可证,安永大华的专业人员被安永华明吸收;多年以后,安永大华的发起人利用大华会计师事务所未被注销的壳资源,重新申请了证券业务许可证,但人员、客户资源已经物是人非。

客观地讲,由于并购原因,我当时有机会参加了安永的培训,与安永合伙人共同讨论和研究项目,这让我受益匪浅。安永的培训体系、人员晋升体系,都有其合理的一面。如果在大华工作是摸着石头过河,那么安永的几年工作才让我知道审计的真正意义是什么,对 CPA 工作也有了更深刻的理解。在这个行业摸爬滚打多年以后,我对安永在客户的选择、工作程序的安排和风险管控等方面如何做到规范、科学,有了更深刻的理解。许多留在安永工作的原大华员工,经过自身的努力,在安永这个大熔炉成长为合伙人的,也不在少数。

6. 对于安永、大华合并失败的几点思考

"沉舟侧畔千帆过。"站在今天的角度,回看安永大华的合并,无疑是一次本土事务所走向国际化的大胆尝试,我们没有任何理由怀疑当时合并的初心。但由于历史的局限、各方面条件的限制,以及对于市

场行为的认识不足,合并最终失败了。其教训无疑给后来者以警醒,特别是在当前形势下,对于我们整个行业做大做强,可以引发更多的思考。当然,每个参与者、见证者都可以对安永大华的合并从不同角度进行分析思考,由此产生不同的解读是很自然的,正所谓"仁者见仁,智者见智。"这里,谈一谈我的想法。

（1）国际化道路需要有一个坚实的基础

大华合并的目标是通过和安永的合并,"借船出海""弯道超车",达到国际化水平。现在看来,这个想法还是天真了一点。

作为资本市场的服务中介,会计师事务所的强大,其基础是所服务的经济形态的强大,没有一个完善而强大的经济基础,服务中介要想一枝独秀,那是空中楼阁。世纪之交的中国还在为加入WTO而努力,经济发展处于腾飞的前夜,各方面的制度、形态很不完善。大华尽管在本土是数一数二的事务所,但在制度、体量、技术等方面难望"四大"之项背,大华和安永不在一个层级,不可能以平等的地位讨论合并的事项。换一句话说,双方做不到相互平视,只有仰视和俯视。

当时我国的市场经济还不成熟,不可能让一家本土会计师事务所很快与"四大"一起在国际大市场的海洋中遨游。合并的结果是只有大华的安永化。在这个时期,大华绝非个例,包括制造业"用市场换技术"的合资,也大都是市场交出去了,并没有换来技术。但是,这些交换却让我们知道了交易的严酷,知道了实力的重要。"弯道超车"的心愿很美好,但成功的概率却很低,有时候不仅超不了车,还有可能会"翻车"。

（2）合并必须遵循自身的市场规则

在市场规则面前,合并有其自身规律。虽然在解释合并目标的时候,可以有各种冠冕堂皇的理由,但合并毕竟是一种经济行为,是一次交易,市场交易讲的是效率收益。这方面,"学院派"与浸淫市场百年的商界老手博弈,明显不在一个层面。

大华的CPA对市场化的认识也存在不足:一个是对师生关系的依赖,对老师忠诚,又希望得到一定程度的庇护;另一个是对国际化可能带来的冲撞准备不足,没有做好合并的心理和能力的准备。在市场面前,只有按照市场规律、规则行事,才能保持事物发展的动态平衡。也许,那个年代的我们在这方面比较幼稚,其实感情代表不了市场和规则。不讲规则,用一句网络语言形容:"感情的小船说翻就翻"。

由于对合并这一交易行为的本质出现误判,在合并实施的过程中,重视了发起人、资产的安排处置,忽视了制度安排。大华的品牌,既有历任负责人的威望和资源支撑,也有上海财大的资源支持,更有员工的努力勤奋。面对合并这样的大事,需要考虑各方利益,兼顾全局和个人。特别要防止把品牌仅看作是几个人的财产,急于处置到位。前期的计划做得周密,合并以后的磨合就会顺畅,即使不能最终做到双方的有机融合,也能够做到比较稳定地渡过磨合期。前期准备不足,后期则漏洞百出,手忙脚乱。安永大华合并以后出现的状况,与此有很大关系。

7. 对未来的几点期待和想法

如果世纪之交,安永大华的合并是一个理想化的举措,是一次基础条件不成熟的国际化的尝试,今天,本土的会计师事务所走出一条具有中国特色的做大做强的道路,成为国际上有自己核心竞争力的中介服务机构,我认为已经具备了一定的条件。

（1）我国的经济发展为本土会计师事务所创造了国际化的可能

会计师事务所的做大做强取决于经济发展的基础如何。"四大"的形成，依附的所在国家、地区的经济形态比其他国家、地区更具多样性和创新性。

就最近十年各个国家的经济发展状态而言，中国的发展速度独占鳌头是不争的事实，尤其是新冠肺炎疫情在全球的肆虐，中国实现了全世界唯一的经济复苏。同时，中国多元化的所有制形式也是世界罕见。强大的国有企业，其经营模式、管理制度，以及利润分配，都与一般企业有明显的不同；一部分民营企业，在互联网或互联网应用方面走在世界的前列，其资产管理也有其自身的特点；我国的制造业门类齐全，产业链完备，物流完善。这些具有中国特色的经济形态超越了一般发达国家，具有广泛的多样性和特殊性。这为我国本土的财务中介服务创造了最好的实践条件。

更重要的一点是，国内的企业正大步迈向国际化，国内企业最初往往是"借船出海"，与外国企业组合进入国际市场。近年来，随着"一带一路"倡议的稳步推进，国内越来越多的企业"自行出海"，用自己的品牌、自己的技术、自己的管理模式，在世界各地大显身手。而熟悉了解这些企业的会计师事务所，无疑是结伴出海，是走向国际化的最佳"拍档"。

作为服务中介的会计师行业，从早先的荷兰、意大利，转而至英国，然后在美国达到目前的高度，始终随经济发展中心的转移而转移。可以说，产生具备世界水准的会计师事务所的土壤已经初步形成。

（2）本土会计师事务所具备了独立走向世界的能力

与当时安永大华合并的时期不同,经过 20 多年的发展,本土会计师事务所和"四大"的差距,已经日益缩小。随着中国经济的发展,本土会计师事务所承接的大型、超大型的客户、项目越来越多;审计、咨询的总体能力迅速提升,风险管控能力大大加强;与管理层沟通、与法律界的配合协调也日益娴熟。同时,本土会计师事务所与"四大"在人才资源上的差距已经不明显,本土会计师事务所出现了一批在格局、能力、技术、人才、文化等方面的佼佼者。更重要的是,随着服务的扩大,部分事务所已经在世界各地设立了分所,尽管业务量未必很大,但已经一步一个脚印地融入世界,踏踏实实走上国际化道路。可以这么说,本土会计师事务所在经过多年的"趋同"实践以后,自身已经具备国际化的能力。

（3）完善法规制度,拥抱国际化发展

世界进入了百年未有之大变局,不确定性成为最大的确定性,这个估计不仅仅是政治、经济方面,甚至是精神文化、价值观等诸领域。在这个大背景下,财务制度、审计方法会不会适应这个大变局的变化?我想会的。

由此,我们的审计制度应从原来的追随者角色,即不断向发达的西方制度学习,追求"趋同",转向了解研究我们的经济发展状态,找出西方发达国家的财务、审计制度不能涵盖的内容,并加以完善。最近"四大"的一家会计师事务所被举报造假的情况披露之后,引起社会极大的反响。其实,安达信倒闭以后,西方市场经济的监督机制的不完善已经初露端倪。

因此,在吸取西方发达国家的财务、审计制度的精华,掌握其原理方法以后,根据我国经济形态的多样化特点,探索发现其中的规律,形成自己的认识,并制定出不违背财务基本原理的监督制度和方法,应该是我们的发展方向。

我们不仅需要对企业的国际化进行研究,也要对服务中介机构的国际化进行研究探讨。在引导、鼓励服务中介机构国际化合并、联合时,政策上如何做到公平对等;在法律法规和有关程序上,能不能做到透明一致,有章可循。同时,国内的会计师事务所在走向国际化之前,也需要查验公司的章程,检查是否做到了规范经营。在走向国际化的过程中,特别要强调注册会计师组织的作用,既要总结各个不同事务所的经验教训,指导各个事务所的国际化进程,同时也要监督这个过程中是否出现不合法规的行为,让国际化之路走得更加稳健。

（4）走向国际化,期待有担当的领军人物

大华的国际化虽没有成功,但不会阻止整个行业继续前行、走向世界的脚步。即使具备了客观条件,也只是有了成功的可能。要真正实现国际化的目标,行业内一定要有胸怀天下的领军人物,有一批不计个人得失、有事业心的引领者。我们 CPA 要发扬钉钉子的精神,一张好的蓝图一干到底。要以"功成不必在我"的精神境界和"功成必定有我"的历史担当,脚踏实地,努力工作。

时光荏苒,转眼已过 20 年。

大华名字还在,内核早已物是人非。但大华的某些特质还在,那些离开大华的 CPA 散落于各个不同的会计师事务所,他们不会忘记在大华勤奋工作的场景;不会忘记取得一定的成绩,成为负责人得到老师表扬时的兴奋;不会忘记在大华得到的系统的能力培养和提升。不忘过去,是为了更好地面对未来。希望整个行业在发展壮大的道路上铭记安永大华之殇的警示,步履迈得更加稳健。

本土会计师事务所与"四大"的差距有多大

"四大"是本土会计师事务所的老师。

"四大"的历史积淀、商业信誉、数据积累、程序优化、资源配置、涉足领域、人才优选、自我修正等,都是本土会计师事务所所应赶超之处。

认识差距,是为了缩小差距。

最近,有新入职的小朋友问我:"我们中资的会计师事务所与'四大'相比,有哪些异同? 在这个行业,有没有弯道超车的可能?"这个问题貌似幼稚,却隐隐包含了年轻人的锐气。我就此梳理并谈一下自己的看法。

相同点就不展开了,用现在流行的话说,注册会计师事务所就是"财务信息的服务商"。这一点,无论中外,应该都是一致的。

不同点在哪里? 不少人会以为,"四大"之大,首先在于其业务量之大。2018 财年,"四大"的全球收入总计为 1 482 亿美元。而国内事务所全行业 2018 年度实现业务收入 1 014.8 亿元人民币(其中还包括"四大"在中国国内的收入)。但业务量的差异,并不能完全涵盖两者本质上的差异。

差异主要体现在两个方面:一是宏观层面的大格局,二是微观层面的执行力。

首先说说宏观格局方面存在的差异。

其一,历史积淀的不同

本土会计师事务所真正进入大众的视野,成为一个影响大众经济生活的行业,只有 40 多年的历史,整体处于初级阶段。

独立会计师、注册会计师事务所的产生与资本主义的经济发展是同步的。16、17 世纪,西方资本主义发展从荷兰、意大利等国家起步,然后在英国完善形成制度体系,20 世纪在美国得到充分发展。现在的"四大"未必有几百年的历史,像普华和永道"重组"成为普华永道只有几十年的历史,却直接继承与延续了具有几百年历史的老事务所的血脉和文化基因。"四大"总部的所在地,也表明了其发展的脉络。普华永道和安永两家的总部位于英国的伦敦,毕马威总部位于荷兰的阿姆斯特丹,德勤总部位于美国的纽约。

相比较而言,本土会计师事务所好比一个初出茅庐的少年,血气方刚,但在内力、体量等方面,与"四大"有很大差距。

我国现在的财务体系、审计体系的产生、发展和完善,就是在全球化的背景下,力争与国际准则趋同。趋同的过程就是学习、靠拢的过程。西方发达国家往往是标准的制定者,"四大"始终在追随这个标准并不断成长和进步。

其二,格局和人才资源的不同

"四大"的"大"并不是单纯的业务量的大。任何一个机构、企业,如果要达到世界级的地位,除了基础条件和体量巨大,还有一个最重要的要素就是这个企业的格局。全世界的注册会计师事务所成千上万,为什么"四大"成为其中的佼佼者? 谓之"大",其中最重要的就是格局的广大。格局的大小,能决定如何最大化利用已经掌握的资源,制定最合理的规划,拓展业务发展的领域。

"四大"的规模是全球化最好的诠释。其遍布全球的网络,既是提供服务的机构,也是资源的整合者。"四大"日积月累,形成了强大的业务能力和丰富的人才资源,这些又反过来为其服务提供便利,为其扩张提供可持续发展的动力。

"四大"中的普华永道,雇员就有来自各界的精英和领袖人物,有商界的大佬,也有曾叱咤政坛的风云人物,如澳大利亚前总理陆克文、中国澳门前特首何厚铧、英国查尔斯王储的财务顾问等,甚至有著名运动员、作家、演员等。精英加盟所带来的资源和商誉是无法估量的。

其三,业务范围和涉及领域的不同

"四大"和本土事务所的差异还体现在其经营的业务方面。国内会计师事务所的主要业务收入为审计收入,占比在八成以上,而"四大"则不是,如毕马威 2018 年度咨询收入为 114.7 亿美元,超过其111.5 亿美元的审计业务收入。

格局、资源的不同,也使得这些事务所把触角伸向更广泛的领域。例如,"四大"举办各种论坛、研讨会,参与各种公益活动,深入融合各个国家、地区的经济发展前沿,既获得了先入为主的优势,也大大提升了自身的美誉度。

这种业务范围和领域的扩展,在全球形成了自身独有的网络和数据的积累,在现代科技的助推下,网络化和数据化的优势是年轻的会计师事务所在较短时间内难以比肩的。同样是财务信息的服务商,当本土会计师事务所仍然在审计领域厮杀的时候,"四大"已经利用自己在财务信息处理上获得的优势,占领先机,进而扩展至更多的领域,提供更广泛的服务。

其四,品牌效应和商业信誉的差异

历史源远流长,大浪淘沙。在事务所发展的历史长河中,"四大"形成了特有的全领域、全球化、大数据和高端人才支撑的完整的体系。这个体系使得"四大"有了享誉全球的商誉。全球著名的国际机构和投资人只认"四大"的审计报告,这些报告对投资人和市场的影响力,目前是本土会计师事务所无法与之相提并论的。

就微观层面的执行力而言,两者的差异也是非常明显的。

其一,项目执行规范化、程序化的差异

"四大"在项目的执行上有一整套完善的规范程序,这个程序是经过长期积累,并不断完善形成的。在项目的哪个环节,必须完成哪几个"规定动作",由哪些人员来完成,都有严格的规定。如此严格的程序性规定表面上看起来有些教条,实务中却非常有效。它能够避免产生因个人的偶然因素而出现的差错。本土会计师事务所有很多优秀的执业会计师,论个人能力,不输于"四大"的同一层级的人员,甚至在

业务上比他们更灵活、更具有活力。但是,就整个行业而言,比拼的并不是个人的单打独斗的技术,而是整个事务所的综合能力。正可谓一滴水只有融入大海才不会干涸,独立在夏日的暴晒下终究会被蒸发。比较而言,本土会计师事务所往往在执行具体项目时,个人灵活掌握的空间比较大,管理也比较粗放。这种差别在一两个项目上看不出不同,但就整体而言项目质量的高低就显现出来了。

其二,自我提高修养和调整能力的差异

"四大"投入相当大的人力财力对未来和当下市场影响较大的热点问题进行研究,研究新制度、新规则对市场的影响,丰富审计手段,加大电子化、信息化的投入并不断更新审计软件。"四大"在实际工作中的自我纠错能力极强,并通过一定途径在整个系统进行警示,而不像极个别本土会计师事务所造成了一定的名誉损失后再给予警示或处分。其对会计师事务所的审计与咨询业务作了分拆,规避了因事务所的独立性可能受到干扰而影响审计结论的风险。这些自我调整能力不仅需要技术支持,更需要胆识勇气。

这也是一些本土会计师事务所只重视具体项目,缺少新技术投入和基础建设所要补足的"短板"。

其三,资源配置能力的差异

"四大"的资源优势和整合、利用资源的能力是不言而喻的。例如,一个超级项目可能涉及金融、法律、政策等诸多领域,且地域涉及世界多国和地区。"四大"可以充分利用自身的资源优势,在最短的时

间内聚集这方面的专家级人员,利用自身拥有的遍及全球的网络资源,迅速进入角色并开展工作。本土会计师事务所若遇到此类项目,则可能还要临时利用"外脑",聘请相关领域的专家,同时对内部人员进行临时培训,协调境内外的合作机构。我最深刻的体会是,"四大"完成这样一个项目,对这个项目涉及的行业、领域,以及执行过程有一份完整的数据保存,好比建立了一个流程。做一个项目,就形成了一个机制。而本土会计师事务所可能做了十个项目,都是单独的,无法形成有效的系统性资源。这是资源利用和配置的差异。

其四,内部人员晋升淘汰机制的差异

社会上有很多人感叹,会计师事务所的人员流动很频繁,包括"四大"和本土会计师事务所。这里需要说明的是,人员的进进出出,分为主动的淘汰和主动的另谋高就。"四大"有一个个人职业谋划的机制,经过一段时间的磨合,企业和个人都会对自身的发展有一个大致的判断。如果能够适应这个行业、认同企业的文化和价值观,在一定的时间段,会有一个预期的晋升目标。如果不能适应工作的节奏,或者不能适应这项工作,那么也会有一个自行退出的预期。换句话说,留下最合适的人,让不合适的人主动或被动地离开。留下的是合适的精英,离开的尽管也可能很优秀,但未必适合这个行业。合适的人员组成的团队才是最有执行力的。反观本土会计师事务所,对于坚守和流出人员的掌控大多数还停留在愿意不愿意的简单层面。

认识到本土会计师事务所与"四大"的差别,也不要妄自菲薄,而是要找出差距,奋力追赶。特别是随着"一带一路"倡议的推行,中国企业"扬帆出海"的规模扩大,国际化程度提高,为本土会计师事务所的进步打下了扎实的基础。本土会计师事务所近年来的发展没有辜负时代的要求,正在缩小与"四大"的差距。无论是在资源的整合、规模的扩大、人力资源的拓展还是在综合能力的提升方面,本土会计师事务所都有了长足的进步。"路漫漫其修远兮",我们相信随着中国经济的飞速发展,本土执业会计师行业在未来会有自己的特色优势,与"四大"齐头并进。

第 二 篇

有规矩，才有方圆

对《审计准则》的几点认识

CPA 必须认识到《审计准则》每一次修订的意义。

所有的舞弊案例都违背了《审计准则》的规定。

执行好《审计准则》考验的是 CPA 的综合能力。

2019 年 2 月,财政部发布《关于印发〈中国注册会计师审计准则第 1101 号——注册会计师的总体目标和审计工作的基本要求〉等 18 项准则的通知》(简称《审计准则》);同年 3 月,中注协针对上述修订的《审计准则》发布了 24 项《应用指南》。该批《审计准则》和《应用指南》于 2019 年 7 月 1 日起施行。从 1996 年 1 月第一次颁布《中国注册会计师独立审计准则》以来,《审计准则》历经多次修订,与时俱进,逐步完善。

《审计准则》是注册会计师进行审计工作时必须遵循的行为规范,是审计人员执行审计业务、获取审计证据、形成审计结论、出具审计报告的专业标准。

1. 认识《审计准则》每一次修订的积极意义

《审计准则》的每一次修改,至少遵循了三个原则:一是与国际标准不断趋同的原则;二是不断总结过去的经验和不足,制定适应市场经济发展进程的规则和措施;三是预防未来可能出现的问题,未雨绸缪。

中注协成立以来就肩负着一个天然的使命,实现中国审计准则和国际审计准则的趋同。这个趋同是我国经济发展必须解决的任务。会计服务是专业服务业的重要领域之一,作为市场经济体系的"基础设施",财务报表事实上成为一种全球化资源分配的决策依据。国际财务报告准则和独立审计准则的国际趋同已成为一种必然趋势。趋同体现了国际经济一体化进程的要求。任何一个不想游离于国际市场之外的国家和组织,都不能无视这一发展趋势。尽管目前不少国家民粹主义的倾向有所抬头,但这个倾向根本无法撼动国际标准的统一。

首先,我国采用国际审计准则作为本国的审计准则基础,并对其作出适应我国发展阶段特性的调整,其所作的调整也符合国际审计与鉴证准则理事会的调整政策。也就是说,合乎国际标准,并符合自己国家的发展特征。

其次,经济活动始终是一个动态的过程,貌似平稳的经济活动,始终是暗流涌动。经济学的理论始终处于经验阶段,解释过去发生的事情很准确,预测未来走向就有点模糊。各种过去从未碰到的经济形态和运作方式,在合法与不合法之间游动的经济活动,始终在挑战监管者,给审计工作带来更多的不确定性。具体而言,就是一项商誉价值的虚假增减,其采用的手法之诡异,脉络之盘根错节,审计取证的难度之高,与十年前相比也不可同日而语。

因此,每一次《审计准则》的修订,都包含了对以往审计经验的总结。国际公认的标准也会依据不同的发展状态作出相应的调整。审计人员应充分了解制度变化的原因,观察制度变化的轨迹,就会知道这些变化对于指导自己的具体工作有多么重要,至少可以不犯别人曾经犯过的错误。

最后,制度在现实中往往有一定的滞后性,是对已经发生的问题进行回顾总结以后,再采取规范的手段,即每个新兴行业都具有"先野蛮生长,然后逐步规范"的特征。审计工作的规范也是同样的道理。但我们可以看到,准则的修订在一定程度上对未来可能出现的问题,尽可能做到未雨绸缪。具体而言,尽管现实中不断出现新问题,但这个"新"还是有一定的脉络。《审计准则》对独立性的要求不断提高,这既对以往独立性缺失导致舞弊的发生进行了纠正,同时也抓住了独立性这个审计工作的基本点,不断强化保障措施,以期从源头上杜绝舞弊现象的发生。

2. 每一次的重大舞弊都背离了准则的约束

目前实施的《审计准则》,有一部分内容在 2018 年已开始实施。2018 年度,上市公司的年报可用"雷声滚滚"来形容,相关部门的处罚也纷至沓来。

这一年,监管部门对上市公司、证券行业、中介机构等作出行政处罚决定 310 件,同比增长 38.39%;罚没款金额 106.41 亿元,同比增长 42.28%;市场禁入 50 人,同比增长 13.64%,可谓力度空前。其中,有 50 家上市公司发布了 60 多条收到证监会及其派出机构出具的涉及财务造假方面的《行政处罚决定书》的公告。部分中介机构也因未尽到勤勉尽职受到处罚。2019 年监管部门又对 22 家上市公司财务造假行为立案调查,对 18 起典型案件作出行政处罚,向公安机关移送财务造假涉嫌犯罪案件 6 起。

利益驱动是财务报告造假产生的根源。尽管我国上市公司治理结构逐步完善,但公司的经营状况千差万别,财务状况良莠不齐,财务报告造假问题依然没有杜绝。可以这么说,所有的造假舞弊行为都背离了《会计准则》和《审计准则》的基本要求。

财务造假的手法五花八门,最常见的造假手段是虚增利润或者控制利润。根据处罚公告揭露的事实,其具体手段大致可以分为虚构或提前确认收入、转移费用、多提或少提资产减值准备以调控利润。

在以上三种手段中,虚构收入是最严重的财务造假行为。舞弊造假常见的操作手法有三种:一是白条出库,作销售入账;二是与相关公司约定互开发票,确认收入;三是直接虚开发票。提前确认收入则有三种情况:一是在存有重大不确定性时确定收入;二是在仍需提供未来服务时确认收入;三是提前开具发票,以夸大业绩。

转移费用则往往采取计提折旧、存货计价、待处理挂账等跨期摊销项目手法来调节利润。转移费用还包括少提或不提固定资产折旧,及将应列入成本或费用的项目列入递延资产或待摊费用。这种做法通常发生在公司经营不景气时,以达到转移费用、增加利润的目的。

多提或少提资产减值准备以调控利润,多为根据公司经营状况,以资产减值的复杂性和不确定性为掩护,达到操控利润的目的。

举例说明:2014 年至 2016 年,某光电全资子公司四川分时广告传媒有限公司(简称"分时传媒")通过虚构广告业务收入、跨期确认广告业务收入等方式,虚增营业收入和利润。这导致分时传媒 2014 年至

2017年半年度报告存在造假现象。连续四年,公司内部的财务因受其管理层的控制造假,而作为第三方的会计师事务所对此并没有察觉。

一些公司在重组等重大交易时的造假更加令人触目惊心。

于是,出现这样一种现象,很多人难以理解。一方面,《会计准则》在不断修订,《审计准则》也在不断完善;另一方面,暴露的财务造假案例越来越多,上市公司"爆雷"的现象屡禁不止,造成的损失越来越大。曾有人说:"准则不断修订,监管越来越严厉,舞弊现象却愈演愈烈,何故?"

对上述现象我是这样理解的:受处罚的案例增多,一方面表明存在的问题确实很多,尤其是上市公司的治理和自律存在很多问题,必须加强监管。另一方面,处罚公告的增多也表明,我们的监管措施越来越完善,处罚力度越来越大,处罚结果的透明度也越来越高,很多过去没有发现的问题,现在发现了,新闻媒体的舆论监督也加强了,把处罚结果公之于众。

3. 用好准则还需要提升综合能力

《审计准则》具有很高的权威性和很强的约束力,是审计工作的指导性文件。该准则是公开的,注册会计师应按照准则的要求规范操作。个别上市公司为了自身的利益,也会研究准则,或者聘请相应的咨询公司,为公司某个阶段的经营行为寻找规避法规的理由。在这方面,负责第三方审计的注册会计师千万不能轻视这些咨询公司的能力。有时候,他们聘请的咨询公司的专家在造假上很有一套,甚至能够逃避监管部门的一般监管。现实中,还存在一种黑中介,专门为打算造假的企业寻觅合适的咨询公司等机构。这都给注册会计师带来巨大的执业风险,这种现象现在存在,将来也会存在。

我们需要了解《审计准则》的基本内涵,以指导我们的工作。总的来说,审计准则及其指南还是原则性和导向性的,它只是从原则上、视角上和可能产生的后果方面告诉注册会计师要进行关注以及用何种方式去破解。但是每一个客户和每一个案例情况不尽相同,一种方法在这里可行,在那里就不一定能行。这就要求注册会计师灵活理解和科学运用准则。

此外,综合运用会计准则好比在一个伸手不见五指的房间里让你去寻找一样东西,如果不利用辅助工具,你可能难以达到目的。如果给你一个手电筒,它可能为找东西创造了有利条件。但那件东西必须在你手电筒的光照下你才可能发现。准则犹如那个手电筒发出的光,如何让光照射到你需要找到的东西,取决于你的综合判断能力。

整个审计过程,受多种因素的影响,例如,企业组织机构及其经营活动的方式日益复杂化;全球化和科学技术的影响日益加深,竞争激化;经营管理不善造成企业管理层的压力增大,进行财务舞弊的动机也会随之加大;注册会计师个人的主观思维限制等。如何在复杂的环境中保持正确的综合判断能力,是注册会计师能够在准则的指导下,优质完成审计的一个重要条件。

具体而言,借助手电筒可帮助我们实现目标。你要了解手电筒的光有多强,打算在房间里全面照一次,还是对特定的区域重点照射,甚至对某些可疑的地方实施分解、移位等其他动作,要合理安排、周密部署。当发现现行的方法存在不足时,你必须将《审计准则》规定的要求进行适当延伸,尽量拓宽你的视野,从不同的角度去分析和查找。我曾经写过《审计"功夫在账外"》的文章,即运用逻辑学的原理,按照前因后果的发展关系理清脉络;在特殊情况下,寻求外脑的帮助,比如牵涉法律问题,可以找律师咨询,也可请求证监会和上级主管领导进行配合与帮助,或者在获得对方同意的情况下进行现场录音与拍照。总之,注册会计师不能局限于刻板规定的动作,还要利用其他手段来识别交易的风险。当然,注册会计师采用其他手段进行工作必须符合法律规定。

准则是抽象的,而注册会计师的具体工作是生动而鲜活的。因此,在结束一个审计项目以后,或者在破解相关案例之后,必须认真总结,分析原因,研究共同点与特殊性。随着审计经验的不断积累,对过去用一种或两种方式确认的交易,现在可以采用多种方式确认,规避了过去确认交易的局限性,使证据更可靠、更有说服力。

同时,准则也是动态和待完善的。很久以前,我曾经审计过一家IT企业,其中有一笔收入始终无法按照当时的法规确认。一个新兴的行业必然有很多财务行为无法被当时的法规明确界定,经过反复研判,该行业的这一类收入是第一次被审计确认,而确认的依据就是业务流程与客户当时使用的验收单。现在回头看,当时的认定没有问题,但处理的过程可以做得更好。

总之,在执业过程中,注册会计师要以《审计准则》为依据,拓展思路,勇于探索,科学利用其他方式作为审计证据的适当补充,这样可以多维度降低审计风险,有效实现审计目标。

认清自己，摆正位置

CPA要搞清楚：我是谁？

独立性存在于CPA的基因里，CPA不是粉刷匠。

做好服务，始终不逾矩。

古希腊奥林匹斯山上的德尔斐神殿里有一块石碑，上面写着"认识你自己"。古希腊哲学家苏格拉底将其作为自己哲学原则的宣言。对于CPA来说，认清自己，摆正位置，明确自己的职责，是非常重要的。

认清自己，摆正位置看似简单，做起来未必如此。

CPA的审计工作是一种特殊的服务。事务所与客户就委托事项达成审计合同，表面上是确立了服务与被服务的契约关系。但这种服务与一般的服务最大的不同，就是审核被服务方的财务行为是否合法合规。因此，CPA既是一个提供服务的中介机构，又承担了经济警察的职责。因此，双方的关系也变得异常不确定。也许，一致性很多，结果是其乐融融，皆大欢喜；更多的情况是分歧很多，一方还躲躲闪闪，藏着掖着不少东西，服务过程变成了游戏的"通关"过程，甚至被形容为"猫捉老鼠"游戏。值得警惕的是，任何比喻都是跛脚的，在这个过程中，猫并不是自然界中老鼠的天然克星，审计事务中，发现问题是天经地义的，但"猫"被"老鼠"耍弄的现象并不鲜见。

因此，我们在履行合同的过程中应该清醒地认识到，我们是谁？我们的位置在哪里？我们要做到到位不越位，既不能不到位，又不能越位。认清自己，摆正位置，需要掌握以下几个原则。

1. 独立性原则

我们始终坚持，CPA 必须是独立的存在。这个独立不仅仅是写在法律条文和事务所的准则里，更不是体现在 CPA 的口头上，而是深刻在 CPA 的 DNA 里。

CPA 的独立性表现在很多方面，如专业的、地位的、经济的等。CPA 独立性的最大支撑是来自社会的道德支撑，来自法律法规赋予 CPA 的权利。法律赋予了 CPA 的独立地位和独立属性，即 CPA 的独立性来自法律制度安排。有了法律上赋予的权利，CPA 才能理直气壮地独立行使自己的权利，才能始终保持自己的独立地位。

认识 CPA 的独立地位，必须厘清一个逻辑关系。就常识而言，如前所述，CPA 和客户签订了审计协议，就相当于受雇于客户公司，为客户的财务行为提供合乎法律的解释。不少 CPA 有时会提醒自己或者同事，要处理好与客户的关系，暗示客户是 CPA 的衣食父母，是不能得罪的。这样的理解显然是不全面的。客户聘请 CPA，是聘请了第三方对公司的财务行为进行监督审核，然后向各类股东以及社会各界解释公司的财务行为是不是合乎法规，继而证明公司的经营是不是合法合规。因此，CPA 不是粉刷匠，没有义务为谁涂脂抹粉，哪怕是出钱的甲方。CPA 遵从的是法规。

换句话说，千万不要以为客户公司花钱找了一个"后妈"，找了一个鸡蛋里面挑骨头的 CPA,跟自己过不去。CPA 是第三方的社会服务机构,客户公司通过 CPA 的审计,相当于其经济活动获得了监管部门的肯定,获得了社会的肯定。这是一个公司的生存和发展必须要履行的程序,客户公司比谁都明白其中的道理。

我们主观上总希望审计结果令双方满意,那是理想状态。但在实务中有些结果却是不以人的意志为转移的。理解了 CPA 的独立性是谁赋予的,我们还有什么理由放弃道德和法律的底线呢?

理解了这个逻辑关系,就应该明白,CPA 的基因里就具有天然的独立性。如果失去了独立性,也就失去了 CPA 存在的合理性。

2. 始终审慎的原则

确立了审计的独立性,就自然而然能够理解审计计划、审计策略和审计方法的审慎原则。

作个不恰当的比喻,通关游戏的方法有很多种,猫捉老鼠的游戏方法也有很多种。在游戏没有结束之前,采用什么方法都是审慎保密的。在实际处理的案例中,我和我的同仁深刻体会到一点:CPA 千万不要错误地高估自己的能力而轻视他人。客户公司的财务经理、财务总监和公司高管,在风风雨雨中练就了各种本领,同样具有十八般武艺,值得我们好好学习。

CPA 最希望的是清平世界,朗朗乾坤,每个客户都守法合规。理想是如此丰满,而现实是那样的骨感。现实是每个客户公司都有不同的瑕疵,甚至是大问题,需要 CPA 处置。在这个前提下,审慎是 CPA 最基本的态度。

审计实践中,一些客户在与 CPA 发生分歧的时候,会以种种理由提出:审计项目负责人不敬业、能力差,要求更换审计负责人;提名自己熟悉的某位 CPA 为项目负责人;整个项目收费过高,必须降低收费标准;本次合作非常不愉快,谋求更换合作的事务所,等等。所有的理由就是一个目的,希望 CPA 按照客户公司的要求,完成审计报告。

在此,事务所和 CPA 必须秉持审慎的原则,不能轻易相信客户的威胁利诱。客户的过激反应,掩盖的是某些特殊的要求。

如果说,客户公司的反应强烈,CPA 容易发现其隐形的需求,那么,在与客户公司的相关人员称兄道弟、其乐融融的会谈中,更需要保持冷静和审慎。

现实中,个别缺乏经验的 CPA 接受了客户公司的某些好处,为了保住这个项目,把审计策略等信息透露给客户公司。甚至某些 CPA 为了迎合客户,为了一己私利,丧失原则,超越底线,做出违反职业道德规范的举动。

这里有一个案例,某位 CPA 在与客户公司的会谈过程中,为满足客户的需要,表示有能力处理某些明显违法违规的审计证据,使这些证据看起来合法化。这位 CPA 没有想到,客户公司的相关人员把对话全程都进行了录音录像。当双方就某个问题的处理产生重大分歧的时候,这段录音在双方讨论的现场公开了。CPA 突然面临两难的选择,要么按照客户公司的要求去做假,与狼共舞;要么断送自己的职业生涯。

显然,无论是面对新客户还是面对服务了多年的老客户,CPA 永远不要忘记自己是谁,不要忘记自己的位置。CPA 要审慎对待他人,审慎表明自己的态度,商场更看重的是利益。忘记了自己的位置,有时候就是把自己放在火炉上烤。不论你在何时何地遇到何人,不论处在什么复杂的环境中,都要记住一点,就是坚守底线,坚守准则,这点真的很重要。

3. 在合同框架内做好服务的原则

秉持独立性的原则,CPA 要认真履行合同,做好服务。

事务所与客户签订了审计合同之后,CPA 在坚持独立性的基础上,必须按照合同约定,做好相应的服务。如前所述,审计合同与纯粹的商业合同不同,双方除有相应的经济利益,还要履行社会责任,并且承担相应的法律后果。

有时,在合同的履行过程中有争论、有辩解,甚至双方不欢而散,以至于终止合同。此时此刻,CPA 需要对整个项目的风险有一个正确的评估,在没有发现重大违法违规的情况下,应耐心细致地寻找双方的结合点,以自己的专业能力,通过与人为善的沟通方式,分析双方产生分歧的原因,并提出解决分歧的办法。要知道,CPA 和客户签订了合同,走到一起,双方就应该相向而行,为完成这项审计工作共同努力。

在实务中,有一家客户公司的财务总监从业多年,相当自负,认为自己对所有财务问题的处理都完全正确,对 CPA 改变某些问题处理方式的要求置之不理。客户公司的财务情况总体上没有原则性问题,但也存在某些会计处理不太合规的情况。为此,负责该项目的 CPA 多次与其当面沟通,指出哪些问题是准则要求不可通融,哪些问题是可以协商的。在 CPA 诚恳的沟通下,财务总监逐渐认识到自身的不足,最终双方达成一致,按约完成了此项业务。同时,他们也增进了相互了解,为以后的长期服务打下了良好的基础。

如果说,在重大问题上坚持独立性,坚持原则绝不动摇,体现的是CPA"刚"的一面的话,那么,在一些具体技术性问题的处理上,通过双方真诚沟通,以理服人,做好服务,则体现的是CPA"柔"的一面。总之,CPA在坚持准则、守住底线方面,要体现"刚"的一面,是讲原则;在具体技术性处理上要彰显"柔"的一面,是讲灵活。一个称职的CPA应该做到"刚""柔"相济,实现原则性与灵活性有机统一。

4. 不能越俎代庖的原则

摆正位置,首先要认清自己的位置,要清楚CPA的职责,决不能越俎代庖。

在实务中,CPA会遇到这样一种情况,即客户公司的财务人员在处理某些账目时,出现近路不走走远路、大路不走走小路、简单的会计信息采用复杂的表达方式的情况。这种情况的出现,有时仅仅是处理方法、手段的不完美,但有时会有"隐情"。在这种情况下,CPA常常会与客户公司的相关人员一起探讨,如何更好地表达会计信息,如何提高处理相关问题的能力。如果仅仅限于这样的讨论,并无害处,但CPA需要注意,不能再往"深里走"。

实践中,当CPA的审计能力得到客户公司的认可以后,有的客户公司会要求CPA在审计项目之外提供相关的财务咨询服务,甚至要求CPA深度介入客户公司的财务工作。某些上市公司在摘帽摘星的关键节点,邀请负责审计的CPA提前介入,对某些交易作计划,参与某些交易。甚至有的客户公司在做年报时,直接让审计的 CPA 加入。这种既做会计,又做审计,自己参与做账,自己审计,既是运动员,又是裁判员,越俎代庖,是严重的违法违规行为,后患无穷。如此下去,CPA 的职业生涯将画上句号。

写到这里,想起古希腊哲学家柏拉图一千多年前的终极三问:我是谁? 我从哪里来? 要到哪里去? CPA 也应该常常自问:CPA 是干什么的? 位置在哪里? 从哪里出发? 到哪里去?

尊严来自道义、能力和人格

虽然有着崇高的社会地位，但社会上或多或少仍存在对CPA的不信任，这就是CPA的现状。

潘序伦先生曾言："这种业务我所是绝对不接受的，我宁可放弃这种委托。"

CPA的尊严来自职业道义、专业能力和人格魅力。

2019年11月，一家网站发文建议，应公开披露签字注册会计师的个人信息，并就公开披露的理由、内容、方式作了说明。此建议引发了业内人士的热议：赞同者有之，认为信息公开以后，能够督促CPA奉公守法；反对者也有之，认为此举侵犯了CPA的个人隐私。

我对这个建议内容不作评价。但就这个事件本身，我感觉反映了现在社会对CPA的关注达到了前所未有的高度。CPA与社会公众的财富关联度紧密相连，CPA的社会地位也随之提升了不少，其重视程度来得如此之快，出乎CPA的预料。

CPA最初被称为"看门狗"，后被称为"把关人"，最后被称为"守护神"。从"狗"到人，再到"神"，称呼的变化，反映的是随着资本市场和证券市场的快速发展，不仅政府、金融机构关注上市公司的会计报表及会计信息，大众媒体甚至大众投资者也对财务报表产生浓厚兴趣。每一次的 IPO、每一次的收购重组,都会将 CPA 推到一个敏感的关口,CPA 的一举一动往往牵动着证券市场的神经。

CPA 如此重要,也如此受人尊重,但个别 CPA 在审计中徇私舞弊,做假造假,是 CPA 中的害群之马,极大损害了 CPA 的公信力,让 CPA 丧失其应有的尊严。

CPA 失去尊严和信誉的现象虽为个别案例,但也确实反映了 CPA 在许多方面存在的不足。在欧美发达国家,CPA 行业在市场化、法治化的环境下经历了几百年的锤炼,形成了一套完整的法律制度,完成了自己的品牌和文化的沉淀,形成一个成熟市场和成熟的中介服务体系。回顾我国 CPA 行业的发展历程,我们的 CPA 还处在成长期。改革开放以后,社会的审计工作最早是由退休或半退休的老会计师们来做,主要为中外企业提供审计报告,那时对社会的影响力较低,法律后果也不太严重。初期发展可以说是"摸着石头过河",没有规范的操作经验,培训工作体系尚未健全,鉴证服务的类型也比较单一。制度建设和完善在不断调整之中,加之 CPA 的自律意识与社会上对 CPA 行业的期望还有不少差距,导致了 CPA 的社会地位大打折扣。

因此,CPA 要与其崇高的社会地位相匹配,赢得社会的尊重,必须对自己有一个清醒的认识。

1. 恪守职业道义

职业道义包括了工作中的守法合规,有底线意识,敢于担当等。CPA 不能急功近利,要严守道德底线,依法依规行事。许多 CPA 违规的案例,除了与其专业水平有关,大部分是由于其职业道德出了问题。社会上有一些议论,说 CPA 常常会作假,这些议论虽然打击面扩大化了,表述情绪化了,但也确实指出了个别 CPA 无职业操守、不讲道义的现象的存在。个人的错误行为,有时会损害整个行业的形象。

1927 年,中国现代会计之父潘序伦先生创办"潘序伦会计师事务所"不久后,就把事务所改名为"立信会计师事务所"。他说:"我认为会计师的信誉很要紧,可以说是会计师业务的生命力,所以我把我的事务所改名为'立信',就是要取得社会的信誉。有个别会计师就以造假账或出具不真实的证明书来迎合某些委托人的要求,而取得会计师业务。但是,这种业务我所是绝对不接受的,我宁可放弃这种委托。这样,当时看起来似乎是吃亏了,但日子一久,就会给社会人士产生一种印象,认为'立信'是信得过的,是可靠的,反而会引来大批的业务。"

一代宗师的话简单朴实,没有什么大道理,但一句"这种业务我所是绝对不接受的,我宁可放弃这种委托",掷地有声,我们后辈们应始终铭记。用"信得过"的声誉,或者说是"商誉",赢得社会尊重,引来大批客户,也说明了"自重"的价值。

2. CPA 必须不断学习,不断提高自己的专业能力

在改革开放初期,整个社会环境对 CPA 的要求不是很高,会计和审计的功能常常重叠。随着经济的发展,尤其是我国加入 WTO 以后,全球化和与国际接轨要求 CPA 同步发展。经过十来年与国际会计准则趋同,中国会计、审计水平有了大幅度的提高,执业水平和营收规模都有了长足进步。

但 CPA 千万不能有"一招鲜,吃遍天"的陈旧观念,必须提高认

识,不断学习,提升能力。

提高认识就是不抱怨。不抱怨规章制度的变化给 CPA 带来的不便,要与时俱进,适应形势的发展,端正态度,不断学习。这个学习包含了几个方面:一是学习了解社会经济的发展态势,二是学习新的法律法规,三是借鉴国外成熟的审计规范和方法。CPA 通过学习,掌握一般规律,然后在实务中取得实践经验,转化为自己的专业能力,继而为客户提供高质量的服务。

实际工作中,我有这样的体会。新的规则出台以后,CPA 在学习,客户的财务人员也在学习。在与客户讨论项目如何执行的时候,CPA 要了解客户财务人员对新规则的理解,发现合理的部分,共同提高。我们在对某一个行业的多次审计之后,可能潜移默化地成为这个行业的半个专家。同样,客户公司的财务人员也会对新的规则有一定的领悟。互相探讨,有利于增进了解,更好地开展工作。

我相信能够取得 CPA 资质的人员,对一般的审计工作一定能够胜任。要想赢得更多的尊重,就在于环境、规则、客户要求等外部条件发生变化的时候,CPA 能不能尽快地适应这些变化,赢得时间,从中找出最优方案,高质量地完成项目,这也是 CPA 专业能力的体现。

3. 人格魅力是获得尊重的重要条件

CPA 具备了完美的职业道德和专业能力,是赢得尊重的第一步,加强学习,具备超强的人格魅力,那才是一种完美。

人格魅力以职业道义和专业能力为依托,同时包含了宽广的视野和博大的胸怀,即心中要有大格局。

CPA需要面对多种复杂的事情和不同的个体,涉及不同的利益、不同的诉求、不同的地域、不同的行为方式,甚至每个个体的不同性格。在面对各种问题时,很容易产生分歧甚至冲突,尤其在涉及重大利益关系时,CPA可能会受到来自对方的利诱,甚至还会受到威胁。CPA在处理分歧时,被误解是常有的,有时候还可能会受到羞辱。

CPA在守住底线的前提下,需要从人性的角度思考问题,以博大的胸怀应对各种挑战,忍辱负重是为了能够继续前行。在面对威胁利诱、误解羞辱的时候,CPA要守住底线,不急不躁,保持忍耐,克制情绪,继续释放善意,谋求解决之道。"千磨万击还坚劲,任尔东西南北风。"

我在工作中,好几次遇到这样的事情。双方产生分歧,讨论后无法统一;于是对方许诺给我好处,我不同意。后对方扬言终止合同,我也曾想就此结束,但还是忍住了,继续寻找解决分歧的良方。几经反复,对方冷静卜来后,我把其中的利害关系换一个角度向对方再次说明,双方终于达成一致。事后,对方一再致歉,并表明被我的人格魅力打动。

我们在与人打交道时,面对的不全是专业问题。因此,专业的问题用专业的方法解决,而不是专业的问题,CPA要有胸怀去包容,从更大的格局去看待问题,用智慧去处理问题,用人格魅力去获得尊重。

4. 客观看待这个行业的发展过程

中国的CPA是一个新兴的行业。1990年,上海、深圳证券交易所相继成立,距今只有30多年,CPA的兴起与我国资本市场的发展紧密关联,目前仍处于成长期。

市场的净化,是一个庞大的社会工程,其中,上市公司的监管需要加强;上市公司本身的自律更要加强;同时,在发展过程中,相关制度和规则、操作权限和责任也需要不断建立和完善。CPA 提升自己的能力也是一个重要方面。CPA 需要不断学习,不断提升执业水平,以自己的专业能力,赢得社会的尊重和宽容。

需要说明的是,这里提及的宽容,不是宽容 CPA 的人为过错,更不是为 CPA 的过错遭受处罚寻求开脱,而是希望社会各界从发展的角度看待 CPA 整个群体,共同促进这个行业的健康发展,促进社会的进步。

从工作性质而言,CPA 的工作是去正人的,是审查、纠正财务活动中的违法违规行为。"己不正,焉能正人",打铁还需自身硬,CPA 必须一身正气,不容半点懈怠。同时,CPA 要坚持终身学习,与时俱进,不断提高自己的专业能力,为客户提供高质量的鉴证服务,提高整个行业的公信力。

保持职业怀疑是 CPA 的职业要求

保持职业怀疑是 CPA 的职业要求。

职业怀疑在本质上要求秉持一种质疑的理念，是 CPA 执行审计业务的一种态度，包括采取质疑的思维方式，对可能表明由错误或舞弊导致错报的迹象保持警觉，以及对审计证据进行审慎评价，是寻求事物的真实情况的一种探索精神。

CPA 的职业怀疑是基于大善，保护客户企业、保护投资人、保护经济生态环境的公开和透明。

2019 年 10 月，中注协发布了《中国注册会计师审计准则问题解答第 1 号——职业怀疑（征求意见稿）》（以下简称《解答第一号》），这是新的《审计准则》颁布以后中注协的第一号解答，中注协将此解答列为第一号，可见这个解答有多么重要。

职业怀疑是 CPA 综合素质不可或缺的一部分，是保证审计质量的关键要素。CPA 的职业怀疑，有其悠久的历史渊源。CPA 审计产生的"催产剂"是 1721 年英国的"南海公司事件"。当时的"南海公司"以虚假的会计信息诱骗投资者上当，其股票价格一路扶摇直上。但好景不长，"南海公司"最终未能逃脱破产倒闭的厄运，"投资者"和债权人损失惨重。英国议会聘请会计师查尔斯·斯耐尔对"南海公司"进行审计。斯耐尔以"会计师"名义出具了"查账报告书",从而宣告了独立会计师的诞生,最后促成了 CPA 的诞生。

当投资成为社会公共行为的时候,为了约束资本这头"野牛"在利益驱使下横冲直撞,CPA 由此承担起"吹哨人""把关者"的角色。

所以,CPA 保持职业怀疑是职业要求,是为了公众利益。

由此不难理解,职业怀疑本质上是一种理念,是 CPA 执行审计业务的一种态度、一种思维方式、一种警觉的心理、一种对结论的审慎处理。总之,职业怀疑是寻求事物真实情况的一种探索精神。

需要指出的是,职业怀疑与客观公正、独立性两项原则互相依存。独立性是基础,客观公正是目的,职业怀疑则是整个审计执行过程中的方法手段。没有了独立性,职业怀疑就失去了基础。而没有客观公正的追求,独立性和职业怀疑也就失去了目标。

1. 坚持职业怀疑并不容易

职业怀疑是 CPA 的职业要求,但真正实施也不是件易事。法律、准则都是归纳了许多鲜活的生活现象,抽象出最具指导意义的法则。而作为 CPA,生活在一个极其丰富的社会环境中,在执业过程中,必然受到外界众多因素的干扰。《解答第一号》对各种影响 CPA 职业怀疑的因素,作了详细的归纳分析。从一个资深 CPA 多年的实践来看,影响 CPA 职业怀疑的因素很多,至少包括但不限于以下几个方面:

第一,情感因素。基于长期合作产生的相互信任。CPA 和客户公司保持多年的合作关系,相关人员互相了解。由于历年来审计双方配合默契,CPA 甚至与客户公司的相关人员成为好朋友,彼此相互信任,久而久之,CPA 便放松了警惕。如果这时客户公司发生重大交易,情感上的相互信任常常会影响 CPA 的职业怀疑。

第二,成本和时间因素。一般情况下,对一项存疑的凭证或者问题进行深入追究,是需要投入一定的审计成本和时间的。因此,实务中,CPA 在综合考虑之后,会对一些自己认为无关紧要的问题进行淡化处理,甚至假设不存在重大问题,不值得花很多精力追究。基于时间和成本的考量,CPA 的经验决定其选择的正确与否。尤其对一些貌似小的问题,其会掉以轻心,不予深究。实务中,常常有 CPA 感叹,这个问题我已经注意到了,以为是一个小瑕疵。对小瑕疵放松警惕,或抱有侥幸过关的心理,缺少足够的注意义务,往往就会酿成大漏洞。

第三,被"惯例"蒙蔽。企业经营有一些惯例。比如多个公司属于一个实际控制人,或者是一个控制团队,于是会出现各个公司之间相互补漏洞,收入、利润、现金流相互输送等现象。在控制人的心里,这都是在自己一个口袋里的事情,是惯例。有的 CPA 在处理小额的相互输送问题上,也看作是控制人的经营惯例,只要在报表期内把凭证落实,就不再追究。殊不知,这样的腾挪往往是因为财务状况有了问题才发生。许多"爆雷"的案例事发前都有这样的征兆。

第四,发现免责条件。这是一种很隐秘的现象。CPA 采取放弃对某个问题的质疑态度时,有一种潜在的可能,即若按照当时当地的法律法规和准则体系规定,即使放弃,CPA 也无须承担相应的法律责任。因此,在权衡利弊得失的情况下,CPA 选择回避的做法,放弃对这个问题的质疑。国内外一些公司出现丑闻以后,一些调查委员会进行事后调查,发现有很多明显的疑点被外部审计方忽视,但这种忽视按照当时的法律规定,是无须承担责任的。

2. 造假总会被发现

关于职业怀疑缺失,2011 年爆发的奥林巴斯财务造假事件是一个比较典型的案例。围绕这个案例发表了很多文章,文章分析评论内容相差无几。

奥林巴斯是世界精密、光学技术的代表企业之一。2011 年前的数十年间,奥林巴斯的财务报表显示其业务盈利能力很强,但自有资本却在不断减少,财务报表无法解释资金的流向。

率先揭露这件丑闻的是一家日本杂志。在舆论的倒逼下,2011 年 11 月,奥林巴斯公布了一份报告,承认奥林巴斯通过财务造假,在 20 年间掩盖了约 18 亿美元的亏损。

报道披露,20 世纪 90 年代初日本经济泡沫破灭,奥林巴斯之前投资的有价证券等产品,以及投资的金融衍生品,造成了近 1 000 亿日元的损失。

为防止巨额亏损被披露,奥林巴斯公司决定通过在海外设立不需要并入合并报表的基金公司,然后由基金公司按账面价值买入奥林巴斯公司已亏损的金融产品来剥离那部分资产损失。该基金公司的资金来源于公司的国债等部分资产的抵押。但无论怎么腾挪,近 1 000 亿日元的损失总要消化。为此,奥林巴斯展开了一系列匪夷所思的收购交易。从 2005 年到 2010 年,奥林巴斯完成了多项收购交易,无一例外都是出的高价。奥林巴斯通过收购完成了约 1 100 亿日元的损失填补,随之,其所有者权益大幅度下降。

事件披露后,专门调查委员出具了详细的调查报告,对会计师事务所提出了质疑。

奥林巴斯长期以来聘请的是毕马威会计师事务所(简称"毕马威"),2009年5月毕马威被安永新日本接替,这两家大型会计师事务所为何都没有发现奥林巴斯近20年的造假行为?调查委员会报告中对外部审计机构提出了以下质疑。

对前任毕马威会计师事务所的质疑主要有三点:

一是对早期奥林巴斯剥离资产的处理未作详细调查。资料显示,毕马威在1999年9月曾对奥林巴斯按账面价值将金融资产出售给基金公司的这几笔交易产生过疑虑,但最终放弃了疑虑。

二是未对境外银行账户进行详细查证。奥林巴斯以资产抵押的方式通过银行向投资基金提供贷款这一环节,通过函证可以与境外银行进行余额核对,当时境外银行未就函证问题进行回复,而毕马威也就没有采取积极的方式再次履行函证程序。

三是存在会计处理分歧仍给出无保留意见。公司在一系列收购中支付的高价格引起审计方毕马威的质疑,但尽管对并购存在质疑,毕马威仍在这一期审计报告中出具了无保留意见。毕马威完成了这一期审计,被替换为安永新日本。在替换审计机构后,毕马威也并未将这些分歧意见披露出来。

对接任的安永新日本会计师事务所的质疑主要是:奥林巴斯在2010年3月高价回购了之前收购某公司时,作为部分咨询费用支付的优先股。这笔咨询费用超过了收购总价的30%,一般比例通常只有1%~2%,安永新日本会计师事务所对这部分的审计没有慎重考虑整个交易中的详情。

另外,还有两家事务所业务交接方面的疑问。奥林巴斯当时宣称更换会计师事务所是因为与毕马威的业务合同到期,未提及任何争议。日本证券法规要求企业在更换审计机构时必须完整披露任何有关的意见分歧，而事实是企业管理层与毕马威在多个问题上存在分歧。作为继任的安永新日本，理应对奥林巴斯这样的公司突然更换合作多年的事务所保持警惕，但这些应该引起职业怀疑的关键点都被忽视了。

调查报告没有确认两家审计机构有违法违规行为。但是，20 年间，在各种综合因素影响下，外部审计机构的职业怀疑存在缺失，这恐怕不能用经验来解释。

3. 职业怀疑是一种善

职业怀疑并不是 CPA 要与客户公司作对，更不是鸡蛋里头挑骨头，职业怀疑的终极目标是善！

奥林巴斯案例的起源就是在经济危机的情况下，其投资的有价证券以及金融衍生产品亏损巨大。为了掩盖亏损，公司管理层共同造假，期望用时间来消化这些亏损，换句话说，就是把这些巨大的亏损通过时间转化成一个个小的亏损。其实，以后的每一笔交易，都需要不小的交易成本。就好比是为圆第一个谎言，接下来要不断制造新的谎言，依此类推，每一个谎言都需要支付相应的成本。

如果在初期 CPA 能够萌生怀疑，继而追踪发现由于经济危机造成的亏损，对客户公司以及股东等投资者而言，其损失可能是最小的；同时，也可以提升会计师事务所的声誉。从这个角度看，CPA 不是在行善吗？

CPA 怀疑的问题假如是客户公司的无心之过，CPA 的追踪使得客户公司发现这些问题,客户应该感谢 CPA;如果是客户公司有意为之,CPA 能够提出疑问,CPA 的能力便会得到对方的尊重。

当然,职业怀疑必须具有职业精神,CPA 不是哲学意义上的怀疑论者。怀疑论者有三个终极命题:(1)无物存在;(2)如果有物存在,也无法认识它;(3)即使可以认识它,也无法把它说出来告诉别人。由此引申对所有真理和结论的不信任,始终处于犹豫和悲观之中。CPA 的怀疑是有迹可循的,是通过自己的职业素养,发现问题,提出问题,并寻求最客观公正的解释。CPA 不是什么都不信任的悲观主义者。

总之,基于社会、企业和自身的要求,CPA 需要奉行职业怀疑的理念。CPA 职业怀疑是为了客户公司的长远发展,是为了市场的净化。CPA 的职业怀疑是基于大善,是为了保护客户公司,保护投资人,保护经济生态环境的公开和透明。

结果是检验审计成败的硬指标

客户公司本身若存在财务风险,发生审计风险和重大后果的概率就高,应审慎选择客户公司。

互联网时代,信息的无过滤扩散,审计结果可能被放大和扭曲。

从发生重大事件的结果倒推复盘,很容易发现问题所在,但为时已晚,时光不会倒流。

必须严格按照《审计准则》的要求工作。审计过程的每一个环节都不能疏忽,三级审核一个环节也不能马虎。

1. 结果含有强大的"溢出效应"

在写这篇文章前,看到微信朋友圈一个朋友新发的文章,是回忆2018年泰国暴雨,导致一批少年足球队员被困在一个洞穴长达十余天,各方想方设法实施救援,最终以牺牲一位海豹突击队成员为代价,成功救出所有被困队员。事后曾有人质疑营救过程存在的一些瑕疵,不然,那位突击队员不会牺牲。但因为整个救援行动的结果十分成功,那些瑕疵就被大家忽视了。以结果为导向,以成败论英雄在此事上显现得十分突出。成败论英雄在生活中成了某种惯例。

　　CPA 的审计工作,也难以摆脱以结果为导向,以成败论英雄的惯例。

　　在审计实务中,上市公司一旦有重大舞弊嫌疑,被监管部门立案调查,就会受到社会各方的关注。如果公司虚构业绩,或大股东非法占用上市公司资金等违法违规行为被查实,公司的流动性就会出现危机,甚至发生大股东出逃事件,那就是常说的"爆雷"了。一旦"爆雷",公司股价自然大跌,投资者损失惨重,有的甚至还会拖累该公司所在板块的其他公司股价,使其一并下跌。一些重大案件的后果有时会有超出预期的"溢出效应",比如中小投资者因为蒙受重大损失,包围相关公司,四处上访,到相关政府部门请愿,要求追责,请求赔偿等。与此同时,相关媒体也往往非常关注并给予持续报道。某一经济个案有时会渐渐演变成为社会关注的公众事件。

　　"爆雷"个案的出现意味着上市公司经营的失败,上市公司成为"过街老鼠",为其提供审计服务的 CPA 自然也脱不了干系,也成为被声讨和追责的对象。"爆雷"后果越严重,"溢出效应"越明显,讨伐的声浪就越高。此时,不仅仅上市公司自身,所有为其提供服务的机构都会受到牵连,包括为其提供财务报表审计服务的 CPA,都会被社会各界放在显微镜下仔细检查,是不是做到了勤勉尽责,是不是存在联手造假。此外,因为公司"爆雷"的结果已经大白于天下,社会公众会以这个结果去倒推和质疑 CPA 是否存在失职行为,哪怕 CPA 做最好的解释,向社会公众说明当初如何按照审计准则做了什么工作,并解释当初审计结论的理由,也往往会被认为是在推卸责任。客观地说,CPA 的这类说明或解释往往涉及很多专业性极强的内容和术语,即使社会公众愿意听,一时也难以听明白,在社会舆论聚焦的当口,想沟通和解释清楚非常困难。

"爆雷"案件引出的各种"溢出效应",会对监管部门形成巨大执法压力。监管部门会更加严格地核查相关会计师的工作,处罚的力度也往往会比较大。在这种情况下,即使 CPA 和会计师事务所多方解释,表明当初已经按照审计准则行使了审计责任,但只要工作有瑕疵,没有履行谨慎勤勉义务,就会受到监管部门的处罚。

CPA 在审计前要高度重视可能产生的后果,审慎对待所接业务,诚信务实,守住底线,坚持准则,以对社会负责任的态度,审慎出具每一份报告。

2. 所有的结果都可以回溯原因

在某个案例已经造成重大的负面后果以后,回溯过程,查找原因,然后问责处罚,是古今中外必走的程序。于是,不论有意无意的疏忽,该结果都会大白于天下。

一旦发生重大问题,再根据结果去有针对性地倒推相应的审计过程,比较容易发现程序上的缺失,或者程序执行方面不到位的问题。

若某个案例有可能造成重大的负面结果,往往有漏洞或缺陷存在,CPA 应该在整个审计过程中睁大眼睛,始终倾注必要的关注力,增强查找风险的洞察力,防止不好结果的出现。尤其是在对被审计客户的选择上应十分谨慎,应考察这一客户在基本面上是否有重大缺陷,有无违规经营和舞弊的不良记录。如果存在这些问题,就应该向客户明确指出,或建议其加以整改,或选择放弃。

当然,CPA 也不是神仙,并不能一眼就看出客户是否存在问题,而且 CPA 也不可能提供任何保证。那么,这时就要求 CPA 在审计过程中寻找和收集种类繁多、数量庞杂的企业内外部信息证据,并且尽可能多地进行内控测试,增加抽样样本,防止审计失败。在审计实务中,因为不少案例都涉及公司与外部单位串通造假,有意向 CPA 提供不实信息或证明文件,导致 CPA 尽管履行了相关程序,但仍未能发现问题。这样产生的失败审计固然可以为 CPA 免去一部分责任,但也应当看到,这些公司在与外部单位串通作假时,总会留有一丝半点的痕迹,CPA 在审计过程中应保持应有的警惕和谨慎,全面收集关键证据,避免上市公司的舞弊行为发生。这可以从康得新造假案中找到证明。康得新事件主要涉及两个问题:一是在几年时间里,上市公司通过虚构销售业绩,虚增利润金额100 多亿元;二是上市公司与银行签订现金管理协议,拿走并占用上市公司大量资金。CPA 就上市公司存款余额向银行实施函证时,银行回函确认的却是包含了已经被上市公司拿走的存款的"名义存款"余额,而非上市公司实际存款余额。结果就是康得新财务报表上号称有 100 多亿元存款,却无力偿还 10 多亿元的到期债,随即东窗事发。康得新事件发生后,媒体产生了大量质疑,审计康得新的 CPA 也"喊冤",甚至在法庭上就审计程序的执行进行了激烈辩论,但重大负面结果已经造成。尽管相关银行没有向 CPA 提供真实的存款余额函证证明,但是 CPA 未能发现虚假存款余额是客观存在的。康得新当时在仍有巨额债务待偿、有强烈资金需求的情况下,居然账面上还有上百亿的银行存款,也就是所谓"存贷双高",从商业合理性来说是难以解释的。当初审计时没有将这个"蛛丝马迹"作为重大风险点加以重点关注和应对,无疑是 CPA 没有尽职尽责,是值得 CPA 认真反思的。如果 CPA 当时能够在一些关键信息节点上加以关注,应该可以有所发现,避免审计失败。

总之,从发生重大事件的结果倒推复盘,往往容易发现问题所在,但时光不会倒流。只有苦练内功,增强业务能力,增强识别风险的能力,及时防患于未然,才能避免审计失败的出现。

3. 预先规避负面后果

若要避免"踩雷",不以失败而告终,就必须严格按照《审计准则》办事,遵循以下基本原则。

(1) 做好初步业务活动,远离高风险客户

初步业务活动是审计准则的规定动作。初步业务活动结束,应该有两个判断:一是对本次项目的风险作出评估,然后决定是否承接这项业务;二是根据初步业务活动去安排审计计划。但有些 CPA 出于业务发展的考虑,可能掉以轻心,忽视了最重要的第一点。

说实话,如果客户公司早已"千疮百孔",到处是"雷",公司实际控制人或大股东往往有重大的造假舞弊动机,审计不管怎么做,可能都无法把"雷"排干净。多年前,有人向我介绍一家公司有审计的需求,但初步了解后我判断审计风险极大,婉言拒绝了这项业务。对方希望我推荐一家会计师事务所或 CPA,我坦言:"我熟悉的圈子里,大概没有人愿意做的。"事后我的判断被证实了,这个公司的问题相当严重。

因此,越是有实力、有能力的 CPA,越能谨慎选择客户,也就越能主动"避雷"。

(2) 始终保持职业怀疑态度

在审计过程中,优秀的注册会计师从来不会只盯着形式证据是不是拿到了,或者证据的数量够不够这类问题,而是始终积极识别,并高

度关注审计过程中可能存在的重大错报的蛛丝马迹,例如,为什么这个证据与那个证据不一致,这个数据与那个数据之间的关系为什么不合理,这个指标的变动趋势与那个指标的变动趋势为何看起来不协调,公司这项重大会计估计的假设是不是合理且有恰当依据,某一项看似各种文件齐备的重大交易是否存在有悖商业合理性等。尽管注册会计师提出这类"怀疑",有时会面对来自客户的很大压力,被认为"就你事多",但 CPA 一定要有拿不到满意结果不罢休的精神,只有这样,才有可能拨开被有意无意散布的层层迷雾,排除那些埋藏在隐秘角落的"雷"。

（3）严格执行《审计准则》规定的程序,每一个审计动作、每一项审计程序要合乎《审计准则》的要求

紧紧围绕准则设计的审计程序有时是相当繁琐的,要不折不扣地执行好,需要 CPA 有很好的专业精神、足够的耐心和慎终如始的态度。审计不出问题的时候,可能有的人会认为,反正也没事,是不是可以简化一点,少做一点,何必每个动作都做那么到位。一旦发生重大问题,才会发现,每一项原先老老实实规范执行的审计工作都成了CPA 的"护身符",只嫌少,不嫌多。

从以往诸多"爆雷"公司的案例中,从对"爆雷"前因后果的分析回溯中,可以看出,有的 CPA 需要承担连带责任,需要被追责,有的却安然无恙,全身而退。仔细分析个中缘由,就是看其是否严格按照《审计准则》的要求实施了审计工作,而其中一个最重要的因素,即是否真正做到"勤勉尽职、规范执业"。做到了就会避免出现不可控的负面后果,就这点而言,处理结果就是一个硬指标。

独立的"第三只眼"

复核合伙人是审核的"第三只眼"。

会计师事务所要保障"第三只眼"的独立性,首要是经济独立。

独立合伙人的职责是审计事项本身的合法性,规避风险、"打擦边球"等不是其需要考虑的问题。

"第三只眼"是否明亮,反映了会计师事务所的境界。

《西游记》和《封神榜》里都有一位大神——二郎神杨戬,书中描述杨戬有三只眼,《西游记》里孙悟空七十二变,一一被杨戬的第三只眼看破。我们审计工作也有"第三只眼",那就是项目质量复核合伙人。

对于上市公司审计项目,除了项目合伙人自己对项目实施质量管理并复核项目组成员工作,还必须安排项目质量复核合伙人(简称"复核合伙人"),在项目层面,代表会计师事务所实施质量复核。复核合伙人不需要评价整个项目是否遵守了《审计准则》的规定,但需对项目组作出的重大判断和据此得出的结论作出客观评价,因此该项工作是会计师事务所业务质量管理非常重要的组成部分。

复核合伙人的工作目的、内容和要求在《会计师事务所质量管理准则》中都有明确的规定,在此不作具体展开。我只是针对复核合伙人在开展工作中需要重点注意的几个方面，谈谈自己的看法。

1. 会计师事务所必须保证复核合伙人的独立性

复核合伙人应该是经济独立、地位独立和专业判断独立。

经济独立是指复核合伙人对这个项目可能产生的经济收入没有直接关系。我们不是说复核合伙人与这个项目绝对没有任何经济上的关联，因为复核合伙人和项目合伙人都同属于一个会计师事务所，换句话说，每一个项目的收入都是会计师事务所的收入，经济独立只是相对的，我们只是说复核合伙人不要与项目有直接的经济关联。要做到这一点，关键在于会计师事务所赋予复核合伙人多大的经济独立性。一般言之，一个规范、有社会责任感、有前瞻性的会计师事务所，一定会给予复核合伙人最大的经济独立性。

地位独立是指由于复核合伙人不是项目组成员，只是按照赋予他的权限，以第三者的身份对重大事项作出独立的专业评估和判断。

专业判断独立是指复核合伙人的任何判断、意见，只是从自身的专业角度出发，不会受到项目组成员，或者其他任何方面的意见的影响，也不会考虑对负责项目的 CPA 有什么影响，对会计师事务所将来发展有什么影响，比如，客户会不会流失、收费会不会减少等。从内部程序上来说，复核合伙人的视角与项目执行组相对立，旨在尽可能排除风险。这也同样需要会计师事务所的强力支持。

从某种意义上讲，有什么样的会计师事务所，就有什么样的复核合伙人。

2. 项目质量复核贵在态度职业化、技能专业化

首先,复核合伙人必须具有职业精神。复核与项目执行没有直接的经济关联,相对而言,利益关联很小,但责任重大。毫不夸张地说,整个审计没有问题,复核合伙人未必会增加多少收入,但一旦出现问题,复核合伙人却需要承担相应的责任。复核合伙人的利益微小而责任重大,没有职业化的态度是不行的。

其次,技能的高度专业化。复核合伙人的主要工作是对项目组作出的重大判断和据此得出的结论作出客观的评价,其中涉及的事项有不少是对财务报表存在重大影响且涉及复杂评估或判断的疑难事项。如果对公司及其所处行业缺乏了解,没有扎实的会计审计专业基础和丰富的审计实务经验(如了解在哪些环节容易存在"猫腻"),复核合伙人是无法胜任这项工作的。

强调态度职业化和技能专业化,还有一个作用,就是防止"串味"。实务中,经常会出现两种情况。一种是复核合伙人非常优秀强势,而项目合伙人相对较弱,如果没有职业化和专业化的加持,很容易出现复核合伙人越俎代庖,亲自下场参与审计的现象。还有一种是复核合伙人能力不够,项目合伙人比较强势,那么,就容易出现复核仅仅是"走过场"的现象。

3. 清楚自己的职责

项目组复核合伙人在复核过程中,与项目合伙人发生意见不一致是常态。讨论甚至争论都是正常现象。在这种状态下,复核合伙人

首先要完整记录审核过程,如果没有留下痕迹,就不能证明你尽职尽责地履行了复核合伙人的职责。同时,必须在审计证据上清晰而又明确地表达自己的观点。如果双方不能达成一致,复核合伙人应该及时、如实地向会计师事务所风险管理部门或者首席合伙人汇报。

记录过程、表明态度意见、如实上报,这是复核合伙人的职责。实务中,有时也会看到个别复核合伙人不敢承担责任,怕得罪项目合伙人,怕会计师事务所的客户流失,畏首畏尾,以为自己的妥协可以换来平安,殊不知"针尖大的窟窿能透过斗大的风",反而可能酿出大过错。

其实,设立复核合伙人的目的之一,就是对项目合伙人的工作进行监督审核,防止出现差错。往小里说,是对审计项目负责,对会计师事务所的声誉负责,是对客户公司负责。往大里说,是促进整个上市公司的合法合规经营,净化经济环境,甚至可以说是促进整个社会和经济发展。

4. 几点实务经验

（1）注意项目合伙人的工作记录

复核合伙人应特别关注项目合伙人的工作记录。

简言之,项目合伙人的工作轨迹直接反映项目合伙人对此项目的重视程度。项目合伙人通过审查审计过程是否规范,获得的证据是否可靠,作出的重大判断是否适当,从而评估该项目的整体质量。《审计准则》规定了项目合伙人对审计项目的整体质量负责。我曾参与的"四大"合作审计项目也是这样规定的。

如果项目合伙人不深入现场对项目组进行指导和监督,不在现场解决问题,那么就不能恰当地把握和解决风险。所以,复核合伙人应该审核项目合伙人的工作痕迹,重点关注项目合伙人对该项目所付出的时间成本、现场沟通记录等,核对这些记录是否被真实地反映在工作底稿上。

只有项目合伙人对项目团队的工作深入了解以后,得出的最终结果才能令人放心。

(2) 注意非重点部分

审计过程大致可以分成三个部分:计划、实施过程和总结。项目组通常对项目的计划与总结比较重视,这不难理解,有一个周全的计划,照计划执行,做好工作结果的总结归纳,应该不会有大的差错,但也有些项目可能存在"两头大,中间小"的现象,即尽管计划周全,但对落实计划所涉具体程序的设计重视不够,形成的程序不够完备。按照我的实际体会,这些不太重视的地方,恰恰可能是容易出现问题的地方。

我们曾经反复强调审计证据的可靠性或获得这种证据的动态程序。证据获得是一个动态演变过程,也是一个博弈过程。复核合伙人在复核的过程中,应该有意识地关注这个"中间小"的部分,严格审阅工作计划与审计总结之间的逻辑关系,对其中不合逻辑的部分不能掉以轻心。复核合伙人在对项目组主要成员访谈时,应了解他们对项目重大事项的看法、采取某种程序的理由,了解他们对整个项目的逻辑思维和心路历程,这对最终判断具有重要参考作用。

(3) 注意时间安排

审计项目的所有过程在时间节点上都有其先后的逻辑联系。例如,何时进入、谈话的时间和内容、相关证据的获得等,都应有科学的安排。

审计时间的安排和审计人员的分工一样,反映的是项目合伙人对整个项目的准确把握。时间先后的错位,或者反复调整,一定和审计过程的不精准有正相关关系。因此,复核合伙人有理由推断计划执行存在重大问题,必须反复核实重要事项的主要审计证据获取的时间、地点和提供者身份。同时,这也牵涉审计成本等的变化。检查时间安排是否合理,不失为复核合伙人发现问题的一个简单易行的工作方法。

在特殊重大交易项目的实施案例中可以发现,如果在该笔交易之前,项目组就与客户讨论该笔交易的相关内容,或者与客户就部分重要交易相关事宜进行咨询沟通,往往存在较高的风险。此时,复核合伙人应该警惕该项目组成员的胜任能力与独立性,提醒项目合伙人不应该太深入地参与该交易的讨论。这样的提前介入,如果把握不好,容易混淆会计和审计责任的界限,对这个时间段取得的审计证据复核,项目质量复核合伙人需要慎重对待。

(4) 注意项目合伙人如何处理分歧

项目质量复核合伙人还应该注意,底稿中记录的项目组是否对某些重大问题有过分歧,或者是项目组与客户是否有分歧,这些分歧是如何化解的。

一个审计项目,项目组与客户,项目组内部对某些问题存在分歧是可以理解的,关键是要厘清为何产生分歧,是合法合规与违法违规的分歧,还是简单技术层面的分歧。在解决分歧的时候,是客户接受了项目组的专业意见,还是需要项目组进一步获取审计证据。这些审计证据是不是充分适当。如果这些审计证据存在瑕疵,是不是对最终应出具的审计意见存在重大影响。

复核合伙人在对项目合伙人审计工作底稿中处理分歧部分认真审核以后,应该对审计证据是否可信、项目风险是否降低到合理的水平有一个初步判断,也对项目合伙人的工作是否恰当尽职有了初步的了解。如果发现某些问题的处理明显存在不合理的地方,复核合伙人应该变换角度去思考项目组的独立性和职业道德,特别要警惕项目组成员有没有为了经济利益参与了舞弊等不良行为。事实上,市场上也存在这样的案例,即对很多曾经产生过分歧的问题,最终的解决办法连外行人都看出有重大失误,而项目合伙人却视而不见,以致造成严重后果。

综上所述,作为独立的"第三只眼",合格的复核合伙人应该佩戴的是"度数精准"的"有色"眼镜,以相对超然的角度,带着"我是来找问题"的专业态度(而不是"一团和气",只做表面文章),充分利用自己的实务经验和专业能力,针对项目组作出的重大判断和据此得出的结论作出高质量的客观评价(而不是因能力欠缺,戴着失焦的"眼镜",既找不到"痛点",也无法准确评价所看到的情况),为项目合伙人和会计师事务所管控重大审计风险提供必要保障。

"第三只眼"是不是明亮,看其能不能真正对客户的长远发展负责,看其是否对项目合伙人及其团队发展进步负责,看其所在的会计师事务所能达到什么样的境界。

第 三 篇

厚积方能薄发

◎ 做一个懂得"三论"的合伙人

◎ CPA 要学点哲学

◎ 坚守不易,坚守创造机会

◎ 做一个"傻瓜"式的 CPA

◎ 功夫有时在账外

◎ 换个角度看问题

做一个懂得"三论"的合伙人

项目合伙人不仅要具备较强的审计专业能力,更要有掌控和管理能力。

掌握应用系统论、信息论和控制论,会取得事半功倍的效应。

要知道信息开放的重要性、动态变化的重要性;要懂得所有的节奏变化需要在总体掌控下进行。

重要的是把握全局。

合伙人在承接一个审计项目,尤其是一个集团性质的大项目的时候,就成为这个项目的主要责任人。合伙人需要对整个项目有一个整体的认识和规划,确保这个项目顺利实施。这个任务不仅是对合伙人专业能力的考验,更是对他项目管理能力的考验。从某种意义上讲,一个大的项目对合伙人的项目管理能力的要求,可能会比对他的专业能力的要求更高。此时,项目合伙人就是项目的总设计师或总调度,而要完成好这个角色,需要懂一点"三论",即系统论、信息论和控制论。

简单而言,系统论是把某一个事物或对象,看成是一些互相作用、互相联系的若干因素组成的一个系统。而信息论研究的是如何认识这些关联信息,发现其中的作用和互相关系。控制论则利用事物联系的反馈原理,利用这些信息,实现对系统的有效控制。

"三论"中系统论是基础,其重要性更为突出。就像建筑设计师在设计建筑物时,要对历史文化、周边建筑、地质地貌、功能需求、审美观点等诸多因素进行全面系统的了解。

审计师对被审计对象也应该有一个全面系统的了解。其中包括被审企业历史沿革、商业模式、生存环境、内部管理、未来发展、行业特征、管理手段、企业压力等诸多环节。这是一项基础性的工作,对以后的审计过程有极其重要的作用。有了全面系统的了解与分析,审计目的性会更加明确,审计方案也会更精准,审计方法会更有针对性,更有利于审计工作的开展。

在具体的审计项目上,合伙人作为一个统领全局的指挥官,初步设计一个项目计划,对审计范围、审计时间和审计成本,尤其对审计质量有一个谋划,然后合理组建审计团队。此时,这个系统是完全开放的。在实施这个计划的时候,在一个开放的系统中连续动态地了解各方面反馈的信息,及时把握重点和风险环节,然后有效指导和控制项目组的审计进程。显然,没有完整的系统,没有信息反馈,要实现控制是不可能的,要走向有序也是不可能的。系统、信息和控制三者互为依靠、互为牵制,缺一不可。设计整体计划,掌握动态信息,把控流程,调配资源,规避风险,最后完美地完成整个项目,这是"三论"的具体应用,也是项目合伙人的魅力所在。

为了能完美做到"三论",以下几方面的工作不可少。

1. 最大限度地获取开放性信息

在对整个项目有一个初步设计后,项目合伙人首要的任务就是最大限度地获取信息。这个过程完全是开放式的。

项目合伙人应对被审计单位进行全面的了解,包括企业的业务活动、所处的经济环境,以及内部控制的有效性等。应搞清楚行业信息和企业信息,全部信息与局部信息,重要信息与补充信息,账内信息与账外信息,披露信息和非披露信息等内容。

如果这是一个新承接的审计项目,还应该进行尽职调查,调查范围包括公司基本情况及历史沿革,公司所处行业、业务运营及其合法性,财务资料与财务真实性,土地及资产等各种相关问题,以及公司计划、主要产品、经营状况、股东变革(是否融资)、实际控制人、高管构成、主要竞争对手等。

获取此类信息的方式有:前往公司现场对接以取得公司法务、财务资料,并核查原件;对公司实际控制人、股东、董监高管进行个别访谈;查验公司客户及供应商资料,走访重点客户和供应商。

2. 认知风险评估始终是动态的

风险评估的准确性与掌握信息的完整性始终是正相关关系。也就是说,掌握的信息越全面,对风险的评估和判断越准确。

实务中,客户的内控制度、管理层的诚信、行业的地位、经营可持续性以及客户上下游产业链的情况等,都是比较重要的信息。

信息为风险评估提供支撑。可以参考的方面有:公司经营模式是否发生变化;公司获取经常性收益的能力,经营业绩是否稳定;有没有过度依赖某一重要原材料,原材料价格波动的影响有多大;公司采购、生产和销售等环节是否存在风险;公司产品(服务)的市场前景(行业经营环境的变化、商业周期或产品生命周期、市场饱和程度等），是否存在产品单一或过度依赖单一市场的风险。

一般情况下，审计计划是根据风险评估来制定的，对公司经营有重大影响的事项，项目合伙人还应进行专项核查。同时，风险评估并不因为计划的制定而终止，了解、评估、再了解、再评估，是一个不断重复与升华的过程。这种循环往复的过程不断向深度和广度推进。

实际工作中，有时合伙人在初步评估、完成计划以后，忽视了实施阶段的信息反馈，把评估变成了一个静止的审定，而不是一个动态的过程。系统、信息、控制是一个不断获取信息、修正优化手段的过程。不少审计失败案例发生的原因，就是把这个过程机械化，在遇到复杂状态的时候，过程控制流于形式，缺乏根据不同的信息反馈及时调整方法的能力。好比战场形态瞬息万变，若不及时调整部署，往往事倍功半。

3. 整体安排和即时掌控并重

有了风险评估的基础和完整的审计计划，控制实施的过程就显得尤为重要了。

控制实施的过程好比一个交响乐的指挥家有了乐谱，有了演奏家，如何完美地完成整个乐曲，就看他（她）的能力了。项目合伙人需要进行设计，重点控制节奏，我认为把握以下两方面非常重要。

（1）整体的安排

项目合伙人是设计师，首先必须就审计方法与审计资源有效安排和控制作出科学的审计计划，具体内容应该包括审计人员的组成、工作时间、重点审计区域,以及客户公司的沟通时点。

项目合伙人根据计划来控制审计节点。他必须关注如何安排合适的人员担任合适的工作,配备多少人员,花费多少时间,去哪里工作,在什么时候完成什么样的事项。审计计划还必须考虑动态的变化,在某些关键岗位应预留人员和时间,如同一场战役的指挥官在总体攻防方案中,应保留预备队以应对变化。

(2) 即时的掌控

项目合伙人千万不要以为自己是诸葛亮,能够"运筹帷幄,决胜于千里之外",忽视对现场信息的了解和掌控。对于重要项目,除了派有经验的审计师现场指导,项目合伙人必须及时关注每一个重大问题的汇报与处理,甚至应天天通过通话、视频等现代通信手段与现场人员保持联系,必要时应及时去现场了解、解决相关问题。如遇特殊情况,项目合伙人应适度调整审计人员,对某些项目通过实施追加审计阶段的方式,确保审计质量。

外勤工作结束后,为保证信息畅通,必须预留相关人员应对和处理可能发生的其他审计事项。

如果是在异地,尤其是在境外开展项目审计,除了委托境外审计师按协议约定审计,项目组还必须详细了解当地的审计法规和惯例,尽可能预留较充分的审计资源,包括时间、人员与费用都要留有余地。

总之,必须随时掌握实施过程中的任何变化,不遗漏任何信息。

4. 注意动态的协调和调整

在完成项目的过程中,信息的采集和项目进程的控制始终是动态的,若信息和进程有变化,项目关键环节应在审计过程中进行调整。

有一些审计项目,由于项目合伙人忽视了动态过程的控制,往往在项目完成后,也就是在撰写审计报告的时候再进行协调,这不是有效率的做法。

若发现项目可能隐含重大风险,项目合伙人应派遣有经验的专家有计划地定时定点与客户沟通,阐明其中的利害关系,寻求合理合法的处理方式。

在处理关键项目时,尽管项目合伙人可以适当授权现场审计负责人在一定的额度范围内有权限裁量,但对于超过额度范围的,则必须由项目合伙人视情况决定在哪个场合、哪个环节处理。有些重大项目的重大问题,甚至需要上升到会计师事务所层面进行讨论、处理。如果出现与审计计划有重大矛盾的情况,项目合伙人应该检讨:预计的情况与实际有多大差异;这种预估与实际的差异是受错误信息的误导,还是处理筛选出了差错,发生在哪个环节,是否在项目组承受范围内。然后,项目合伙人考虑对评估与计划进行修改,甚至调整审计策略,寻求新的方法进行突破。

项目的控制,对内是掌控项目组的应对节奏,对外就是不断收集信息,与客户不断协调,在过程中完成调整,让整个系统朝有序的方向发展。

5. 有序处理证据信息

项目组工作的重要内容,就是对内部和外部获取的证据(包括账内、账外)进行专业处理。这个处理过程包括整理、对比、验证、筛选和沟通等。

证据就是信息,证据之间存在什么样的逻辑关系?需要项目合伙人和团队认真研判,要通过专业手段,分辨哪些证据是主要的,哪些证据是次要的。在实务中,并不是审计底稿越多越好,也不是复印了许多资料就视为获取证据,其实,通过整理、对比、验证,才能筛选出最有价值的证据信息。

从证据信息中,项目合伙人作出自己的专业判断,然后与客户公司进行沟通,达成共识。当然,获得双方的一致认可需要一个过程,要有足够的耐心。项目组没有义务一定要说服管理层,只要按照规定的程序履行,就可以考虑出具审计报告。

在这方面,项目合伙人和团队成员应注意采集的证据信息是不是存在前后不一致的现象,要厘清各种信息之间的关联关系,分清是技术问题还是隐含着重大的审计风险。这些动态的信息不断汇总,相信项目合伙人能作出相应的专业判断。

6. 审慎对待报告输出

输出报告,应该是进入项目的最后阶段。就像一辆汽车,各个部件按程序组装。组装完成,意味着成品车生产出来。如果按照系统论、信息论和控制论的原则,这个时候,项目依然存在着变数。

毫无疑问,作为整个项目的总设计师,项目合伙人会在撰写报告之前,再次梳理各个审计环节的质量。这时会出现三种情况:第一,整个过程处于完美的控制中,有用的关键信息得到有效处理,出具审计报告水到渠成,这是最理想的状态。第二,关键信息得到有效处理,整个系统没有大的问题,但局部可能存在瑕疵,这在出具之前,通过协调可以得到解决。第三,发现重大问题需要调整,出现这种情况就比较麻烦。

如果出现上述的第三种情况,可以肯定,整个系统中的关键环节发生了重大问题。值得警惕的是,一些项目合伙人为避免推倒重来,往往就事论事,悄悄纠正错误,甚至修改关键凭证的有效信息,把过失演化成舞弊。我个人以为,发现问题不可怕,关键是如何应对。这个时候,项目合伙人的正确态度是,找出问题产生的环节,找出问题没有被发现的原因,寻求与客户的沟通和理解,纠正错误。哪怕推倒重来,也不能得过且过。千万不能篡改凭证,否则会一失足成千古恨。

作为一个审计项目的责任人、总设计师,应该记住这么几个关键词:系统、信息、控制、动态、调整、发现。项目合伙人要站在一定高度,熟悉情况,把控全局,这也是我几十年工作的一点体会。

CPA 要学点哲学

哲学无用,方为大用。

哲学不教你具体的技能,却能构造你底层的逻辑系统。

哲学会让你有世界是贯通的体验。

站在哲学的高度,淡定而愉悦。

金庸的小说《鹿鼎记》中有这么一段:蒙古准格尔部首领葛尔丹到少林寺纠缠,比试武功,老和尚们不接受挑战。葛尔丹道,少林寺"浪得虚名""一钱不值"。又说方丈的"师弟"韦小宝也是"狗屁不如",同样"一钱不值"。韦小宝回应,须知世上最臭的不是狗屁,而是人言,臭气冲天;至于一钱不值,还不是最贱,最贱的是欠了人家几千万、几百万两银子,抵赖不还。

第一次读到这里,不由得想起恩格斯在《自然辩证法》里说"零":"作为一切正数和负数的界线,作为能够既不是正又不是负的唯一真正的中性数,零不只是一个非常确定的数,而且它本身比其他一切被它所限定的数都更重要。事实上,零比其他一切数都有更丰富的内容。"[①]

---

① 恩格斯.自然辩证法[M].北京:人民出版社,1971.

零常常被赋予"无"的意义，黑格尔在《小逻辑》里说得更直接："因此'有'与'无'的真理，就是两者的统一。"①

韦小宝没有学过哲学，是个混混，但是金庸先生对哲学是熟悉的，对禅也是熟悉的，在小说中用混混的嘴说出大哲学家专门阐释的一个命题："有"和"无"的存在状态。

可怜大首领葛尔丹被小混混韦小宝怼得没有了脾气。少林寺一众高僧，也佩服韦小宝粗糙的话里包含禅机。

当我们对"一钱不值"作通常的理解的时候，一钱不值是一种含义；当把"一钱不值"放到哲学层面来理解，就呈现出异常丰富的意义。一个上市公司被 ST 两年以后，利润如果归零，这个零的价值有多大？CPA 一定知道。

这是一种力量，哲学的力量。

所以，CPA 应该学点哲学。

有人会提出疑问，"学哲学有用吗？"如果说学了一个哲学原理、观点，就能解决某一个具体问题，大概是做不到的。就这一点而言，哲学确实是一门"无用"之学。有意思的是，复旦大学提倡大学生要学点"无用之学"，常思无用乃大用、无为而无不为的哲学内涵。

哲学一词源于希腊语，本意是"爱智慧"。这是一种从不同层面认识自然、认识社会的学问。就其内容而言，它是一种综合体，将自然、社会和思维等知识整合到一起，纳入一个整体范畴进行研究。

学点哲学，有很多好处。

---

① ［德］黑格尔.小逻辑［M］.北京：商务印书馆，1980.

1. 构造你的底层逻辑系统

哲学最基本的一个命题就是这个世界是怎么样的。学哲学，就是在抽象的层面认识世界，从而形成人的世界观。世界观是人们对整个世界以及人与世界的关系的总的看法和根本观点。千万不要以为世界观是一个可有可无的概念，用现在流行的计算机语言表述，世界观就是思维程序里面最底层的逻辑系统。你的其他所有功能，都是基于这个底层系统而发生。

世界观就是人看待世界、解释世界的一个支撑点。哲学的一个功能就是塑造人的世界观。

树立正确的世界观对 CPA 非常重要。资本的世界异常丰富诡谲，审计会让 CPA 看到很多负面的现象。现实世界有很多强者通吃的事例，丛林法则也有一定的市场。接触负面的东西多了，诱惑多了，有的人可能潜移默化，对世界的认识会扭曲。有的人因此会迷失了方向，失去了定力，以为世界本就是如此，从开始的灰色操作屡屡得逞，逐步发展到肆意造假，成为阶下囚。

底层的基本逻辑操作系统出了问题，整个演算过程再精确也没有意义。

哲学上有"善"和"恶"的概念，宗教有"扬善抑恶"的理论和行为准则，尽管各自对"善恶"内涵和外延的界定有所不同，向善却是人类的共同追求。有时，对一部分人的善，却是对另一部分人的恶。分辨这个善恶，需要的正是正确的世界观。

由世界观衍生出价值观和人生观，"三观正"，无大忧。

因此，学点哲学，认识世界，认识人类社会的进步发展，了解社会进步的大势,知道整体和部分、长远和眼前的关系,建立科学的世界观,从而对很多事情就可以看得透彻一点。

2. 学会使用方法论处理问题

方法论是哲学研究的一个重要内容。一定的世界观决定了一定的方法论,一定的方法论反映了一定的世界观。比如,认为世界是普遍联系的,那就是世界观,以此作为方法,就是联系地看问题。

科学的方法论是人类进步的象征。归纳法是从个别的或特殊的经验事实出发而概括得出一般性原理、原则的思维方法,是经验主义者惯以采用的一种方法。实证主义包含逻辑实证,以观察和理性为导向,两者缺一不可。实证主义是现代科学研究中重要的方法论。马克思主义的方法论是唯物辩证法。

辩证法告诉我们,面对一大堆问题的时候,最好的办法就是分清什么是主要矛盾,什么是次要矛盾。审计过程中,尽管理论上可以,但CPA不可能把所有的财务信息都过滤一遍。分辨重大事项就是抓主要矛盾,厘清可能影响审计结论的交易就是抓主要矛盾。把这些主要矛盾解决了,一些次要矛盾就会迎刃而解。

沟通是一门艺术。CPA与客户公司的相关人员沟通交流的时候,要知道普遍性和特殊性的关系。他们有共性,都是客户公司的人员,但也有个性,也就是特殊性。实际控制人有自身的特点,高管、财务人员也有各自的特点。除了地位和职业的特殊性,还有个人性格学识的差别。掌握了这些特殊性,制定沟通的议题、方法和场所,沟通效果就大不一样。

方法论的学习有一个过程,不能急功近利。学了因果关系,拿着这个方法去套,这个是因,那个是果,生拉硬拽,这是教条主义,对工作是不利的。学习方法论,可以从形式逻辑入手,然后进入辩证逻辑。应知道什么是充分条件,什么是必要条件;什么是现象和本质,什么是对立和统一。然后在实践中体会,慢慢地把科学的方法论融入你看待问题、思考问题、处理问题的过程,最后形成科学思维的习惯。一位受逻辑实证主义熏陶的科学家,会将严谨理性融入自己血液。

科学的世界观是你的定力,科学的方法论是你的灵性。

3. 用哲学训练思维

哲学是思辨的学问,对训练思维有很大帮助。

战国时期,赵国发生马匹瘟疫,秦国在函谷关设卡,阻止赵国的马入秦。其时,赵国人公孙龙骑白马至,官吏阻拦。公孙龙提出自己所骑之"白马"非"马",与官吏几经解说,守关的官吏最后承认"白马非马"。公孙龙得以牵马入关,世人称奇。

这个故事真实性不可考。但公孙龙确实在诸子百家里占据一席之地,是位"名家",也有人称之为"诡辩家"。用逻辑学解释,其理由是:"马"的内涵是一种动物,"白"的内涵是一种颜色,"白马"的内涵是一种动物加一种颜色。三者为不同的物体。我延伸一下,白马是马,黑马是马,黑马等于白马,荒谬。再推演,白马是马,死马是马,白马就是死马,更加荒谬。守关的官吏无解。

公孙龙的"白马非马"命题,在逻辑和概念分析上独辟蹊径,其哲学思想和思维方式对中国哲学、逻辑思想史作出了巨大的贡献。

　　有人会说,哲学家是否脑子进水了,老是搞一些烧脑的事情。甚至有人认为这是脑筋急转弯。然而,哲学家的每一次"诡辩",都蕴含了严密的逻辑关系,绝不像脑筋急转弯那么肤浅。

　　哲学的每一个命题都有奇妙的来龙去脉。而且,哲学的许多问题是没有答案的。古希腊的哲学家提出,世界是由原子组成的,现代物理学已经发现了电子、中子、质子,然后又捕捉到了光子。最奇妙的是爱因斯坦的广义相对论之外,有了量子力学,量子可以不管距离,相互纠缠。有人据此推论,量子纠缠表明有个平行世界,因此灵魂不死。同样有意思的是,有哲学家认为世界是可知的,但是,"黑洞"就是不让任何东西靠近,怎么可知? 而"不可知论"则认为这个世界是不可知的,但是,科学又告诉我们很多,机器人会学习,人类知道的那么多,又怎么解释?

　　哲学的命题从来没有被推翻过,只是不断被继承、修正和限制。所以,学习哲学,有时候不必纠缠于观点的准确与否,而在于这个观点是如何出现的,哲学家是如何证明的。这个过程是一种思维的训练,也是一种智慧的提升。学习数学,会让人的思维富有逻辑性;学习文学,会让人言谈举止文采飞扬;学习历史,会让人深沉厚重;学习经济,会让人对财富有控制之心力;而学习哲学,会让人更加睿智和有趣。

4. 学点哲学,让自己变得有趣

　　哲学还有一个功能,让你的人生变得有趣。

　　近年来,有人提倡高中以前的教育要加入"美学"的内容,原因是为了应付考试,学生变成了"解题"的机器,业余生活非常无趣。美学就是哲学的一部分,称为"艺术哲学"。有的人懂诗歌,却不能欣赏绘画;有的人能够欣赏音乐,对书法却一窍不通。他们是专注于某一个领域的某一个层面,封闭式地理解艺术的美。艺术是相通的,这个相通就是美学,就是艺术哲学。

黑格尔在《美学》一书中分析古希腊至现代的艺术作品和思想,提出了一个概念——"崇高"。由崇高而产生的"英雄主义",始终是艺术所表现的一个重要内容。《巴黎圣母院》里的敲钟人,残缺的身体衬托出其精神的崇高。

中国的哲学家朱光潜先生把"美"概括出一个特征——和谐,内容和表现形式的和谐。二胡曲《赛马》内容欢快,节奏跌宕起伏,演奏有其自身的特点;而《二泉映月》则内容哀怨,节奏缓慢。王羲之的《兰亭序》是达官贵人聚会喝酒作诗的记录,书法飘逸秀挺。颜真卿的《祭侄文稿》为祭奠侄子的遇害,渴笔枯墨,苍郁悲壮。两者分别被封为天下第一、第二行书。

当你跳出了某个领域的艺术的范围,在哲学的层面去欣赏艺术,你会感觉到艺术的相通。所有的艺术一定是表现理想、精神、感情,最起码是表现情感,在这个层面,音乐、绘画、雕塑、文学、戏剧、电影就会连通起来。美,无界限。声音可以用眼睛看见,味道可以用耳朵听见,即所谓的"通感"。这就是有人不懂音乐,听到《二泉映月》也会流泪的缘由。

哲学,会升华你美的触觉。一杯香茗、一句诗词、一朵云、一幅画、一首乐曲,你可以不知道它们代表什么,但你会从心底感到有趣,产生愉悦感。

CPA总是在一个功利的世界里忙碌,纠缠于凭证与风险的判断。

人生不能如此焦虑。学一点艺术哲学，让自己的生活变得有趣而美好。

有人说，北京大学哲学系 80 岁的教授不敢称"老人"，是因为 90 岁以上的有十余人，冯友兰、梁漱溟、张岱年等都是 90 多岁的高寿哲人。为何？世事洞明，从哲学的视角看世界，会淡定，会在枯燥的世界发现人生的趣味，因此而长寿。

学一点哲学，充实和丰富自己的人生。

坚守不易,坚守创造机会

在这个浮躁而瞬息万变的时代,坚守是一种美德。

坚守需要定力,坚守产生愉悦,坚守创造机会。

时代需要坚守者。

2020年爆发的新冠肺炎疫情,让全国人民认识了复旦大学附属华山医院感染科主任张文宏医生。张文宏医生在各类媒体和论坛的讲话,专业又通俗,实在又深刻,受到网友热捧。"党员先上""不要欺负老实人""防火防盗防同事"等金句受到大众热捧。张文宏医生两句不引人注意的话,给我留下特别深刻的印象:"我是一个乡下人跑到上海,读完书留下来工作而已。""在1996年我刚来的时候,科室里很多比我大的60后医生都辞职了,如果当时没有那么多人走,我也没有留下来的机会。"

张文宏的话真实地描绘出一位成功者的坚守和踏实。一个农村来的大学生,开始的时候,也许没有什么宏大的人生目标,也没有现在很流行的什么职业规划。一路走来,经受了当时冷门科室的种种不如意,蓦然回首,他却已经站在很多人难以企及的职业高峰。华山医院感染科,在全国可是排名前列的科室。

张文宏的话引起我的共鸣。他的话可以归纳为一个词——坚守。

在这个浮躁而瞬息万变的时代,坚守是一种美德。

为什么会对坚守产生共鸣,因为对注册会计师行业而言,当下更需要有一批人的执着和坚守。

1. 坚守创造机会

任何一个人,在任何领域或行业要有所建树,都离不开踏踏实实、持之以恒的辛勤耕耘。比如医生、律师,只有经过岁月的沉淀,经历无数磨砺,积累经验,增长见识,才能成为一个真正的专家好手。注册会计师又何尝不是如此?

必须强调的是,坚守不是简单的"熬"年头,那是虚度光阴。曾几何时,某些岗位上的人不需要在能力上有多大的提高,仅凭熬年头就能升个一级半级,这是几十年前的"大锅饭"机制。我说的坚守,是不断追求的坚守,是精益求精的坚守。举个简单的例子,两个人同年毕业,同年进会计师事务所,同年取得注册会计师资格。一位性格平和,工作上求稳定,对交办的工作完成得很好,但是缺乏主动性,工作上没有差错,也没有亮眼的业绩,通俗的说法,就是"混在人堆里的人"。另一位则有很强的进取心,主动争取业务,在实践中摸爬滚打,虽然有时也会出错,却实实在在学了不少真本事。一两年过去,两个人的差距不明显;三五年之后,一位依旧是签字的项目经理,另一位已经是项目合伙人了。机会总是给有准备的人。主动的坚守,创新的坚守,有所作为的坚守,才是真正的坚守。

有份报告披露目前本土会计师事务所的首席合伙人、高级合伙人老龄化严重,五六十岁的人占很大比例。同时,因为高级合伙人长期占据高管位置,很多有才华的中生代注册会计师跳槽的很多,作者对此表示忧虑。

对这个问题要辩证地分析。一方面,会计师事务所的首席合伙人趋于老龄化是不争的事实。目前大多数会计师事务所成立于20世纪90年代,一般都有20多年或30年的历史。如果创始人当时30岁,现在就是五六十岁,这在首席合伙人和高级合伙人中也很常见。另一方面,会计师事务所的首席合伙人、高级合伙人的年龄偏大也反过来给现在年轻人的升职创造了更多的机会。人才总是需要更替的,前浪奔涌到最后,终归要被后浪替代。

毫无疑问,无论是要成为业务上的"大咖",还是要成为会计师事务所的高级管理者,坚守是一条必由之路。

2. 坚守需要定力

每一位进入注册会计师行业的人,初心一定是有抱负、有理想,想成为这个行业的佼佼者。冰冻三尺非一日之寒,坚守需要定力,需要坚持。套用一句俗语:"理想很丰满,现实很骨感。"坚守其实并不容易,注册会计师行业如此,其他行业也是如此。

坚守,在每一个平常的日子里,有时可能就是一种"煎熬"。

很多年轻人对审计这个行业的艰苦是缺乏心理准备的。每年的审计高峰期,加班熬夜是平常事。我摘录一位年轻人的感慨:"忙季一天工作12个小时是常态,加班是见怪不怪,什么双休啊? 呵呵。我最长的一个项目连续工作25天,每天晚上基本到12点以后才休息,第二天7点起床吃早餐。好几次我都累得不想吃早餐,只想多睡半个小时。说实话，忙的时候，谈恋爱也没有时间啊。"

相信每一位注册会计师年审的时候都有这样的经历。

忙季的精疲力竭主要是体力上的消耗。如果是项目经理或项目合伙人，还要费力费神，还需要思考如何规避审计风险，尤其是重大项目的审计风险。从项目计划到每一个环节，都小心翼翼，如履薄冰。当面对个别上市公司舞弊造假时，不仅 CPA 的专业能力会得到考验，沟通时的斗智斗勇也是十分常见的。

坚守不易，因为坚守有时也可能意味着放弃一些机会。

有一定执业经历的注册会计师在人才市场是很受欢迎的，有不少注册会计师会收到猎头公司抛来的橄榄枝。与其他行业一样，注册会计师行业挖墙脚的现象已司空见惯。这也是近几年来一部分执业会计师流失的原因。有人曾经和我开玩笑说："你们会计师事务所是不是还有一个职能，即承担培训的职能。你们培养了一个又一个成熟的审计人才，然后贡献给社会。"我没有回答。其实，一个有实力的大所，高端人才还是完全可以留得住的。不过，站在为社会服务的角度，如果会计师事务所能够具备"培训"的功能，也是蛮有"成就感"的。

有一份报告提供了一组数据，从 2010 年到 2017 年，执业注册会计师人数增长了 7 490 人，累计增长 8%，非执业注册会计师人数增长了 41 721 人，累计增长 48%。全国大约有 13 万名的注册会计师选择了非执业，非执业的人数超过了执业的会计师人数。其中，有部分人员是考取了 CPA 以后没有选择执业，特别是大学财务经济类专业的毕业生。同时，也有部分原来的执业会计师离开了会计师事务所，到新的岗位。据了解，执业经验丰富的注册会计师可以选择的行业和岗位很多，如银行职员、理财顾问、公司的财务经理或总监、风控顾问、税务经理、集团公司的内外部审计总监等。

　　每个人的离开都是自己的一种选择，没有对错之分。但是，能够在会计师事务所长期坚守，是需要一定的定力的。

3. 从坚守中体会愉悦

　　上面说到坚守需要一定的定力。我觉得，在多元化的社会环境里，定力是一种能够让一个人超越大多数人的特殊品格。

　　我常常思考一个问题，同样的工作，为什么有人干得愉悦，有人感到痛苦？有人有坚持的定力，有人半途而废？首先是对这个世界的认识，对成功和获取成功途径的理解；其次是自己的兴趣和工作目标的确立；最后是工作的成就带来的尊严和满足感。

　　互联网的诞生让这个世界扁平化了，各种各样的"传说"呈现在大众面前："站在风口上，猪也会飞起来""只要在手机面前摆几个'pose'，就能成为日进斗金的'网红'""'直播带货'一夜就能实现巨量的销售"。

　　这样的"传说"，往往会误导大众。其实，表面的热闹最终会云消雾散。风过后猪还在地上哼哼；号称"网红"的何止千万，能够生存的万里挑一，没有干货的"网红"终究是昙花一现；前段时间，多少"大咖"网上直播带货，销售惨淡的比比皆是。

　　我始终认为，浮躁永远不会成为时代的主旋律，事业有成的一定是踏踏实实干实事的人。

　　坚守的定力还来自自己的工作目标。

　　我们所一位年轻的注册会计师说过这样一段话："我们必须认识

到工作的意义,有自己的工作目标,用积极乐观的态度面对工作,面对现实。我们需要在做事中修炼,完成高难度的任务能锻炼我们的意志,领导分配给我们的工作能发挥我们的才能,与同事的合作能培养我们的人格,与客户沟通能训练我们的耐性。总之,工作不完全是应付差事,而是一个自我历练的过程,只有这样,我们才能在做事中成长,并不断发现工作本身的意义所在。"

坚守者的最高境界是信仰和事业心,这是领军人物的抱负;其次是职业精神和工作目标,这是大部分坚守者的基本支撑。

我们必须承认不同的人坚守奋斗有不同的理由,有的甚至是被动的坚持。比如,有人认为,注册会计师的工作固然辛苦,但是收入还是比较可观的,辛苦有所值,为提高自己的收入,钻研业务,提高效率,然后成为审计专家,再苦再累也是值得的。同样也有人认为,注册会计师的工作比较纯粹,接项目,完成项目,没有某些单位的"办公室政治",精神上还是比较轻松的。这样的想法虽然不高大,但实实在在。有这样想法的人可能是坚守中的大多数。

我的人生经历告诉我,事物是变化的,个人坚守的定力也会变化。因此,坚守能够保持长久,还应该由坚守带来的尊严和愉悦给予支撑。

年轻的CPA第一次在年审报告上面签字,会不会有一种窃喜?首次谈下一个项目,你有没有一点小小的成就感?首次带领一个团队完成一个重大项目,你有没有感到欣慰,如同登上一座山峰?当与难缠的客户公司多次沟通,终于达成一致的时候,你有没有如释重负的舒坦?当你用自己的专业,为客户公司,也为自己和会计师事务所规避了重大风险时,当你完成一个IPO项目的审计,客户公司的代表握着你的手说"谢谢"时,你有没有一种自豪感?

注册会计师的坚守或许就来自在一个个大大小小的项目完成以后获得的尊严和成就感。这种成就感让过程中的疲惫和艰难变得有价值,变成自己的阅历和财富。

这种尊严和愉悦是支持坚守的加油站。同时,也只有坚守,才有这样的尊严和愉悦。

4. 时代需要坚守者

在这个多元化的时代,每个行业都需要有愿意坚守的人,撑起这个行业的一片天地。鲁迅先生有过一段很经典的话:我们自古以来,就有埋头苦干的人,有拼命硬干的人,有为民请命的人,有舍身求法的人……这就是中国的脊梁。

坚守的人当中,有信仰、有事业心是坚守的源泉动力,无论他们处于什么状况,信仰的力量使他们成为这个行业的脊梁。同时,更多的CPA是这种信仰的追随者,他们在坚守的过程中提升了事业心,成为有情怀的坚守者。

从张文宏医生的话中可以看出,他开始的时候就是一位追随者,随着长时间的职业坚守和历练,诊治疑难和重症感染性疾病成为他热爱的职业,然后升华为他为之奋斗的事业。

注册会计师这个行业,表面上看人员的流动性很大,但现在哪个行业没有人员的流动呢?关键是看这个行业是不是有发展的空间。值得庆幸的是,有的人虽然对这个行业表示不满或忧虑,但仍认为这个行业还是处于发展初期,有广阔的发展前景。他们之所以表示不满和忧虑,是觉得这个行业的发展进步太慢,需要改进完善的地方太多,正所谓"爱之越深,责之越切"。

我们应该对愿意坚守注册会计师行业的人们表示敬意,对愿意加入这个行业的人们张开双臂,拥抱他们。同时,我们要重视人才,完善行业人才的管理机制,让人才进得来,留得住,用得上,为他们发挥才干、成为行业的佼佼者搭建舞台。

做一个"傻瓜"式的 CPA

轻视别人,过高地估计自己是注册会计师的大忌。

把自己当"傻瓜"就是不要轻视对手,就是有敬畏心,就是笨鸟先飞,就是正确认识自己和自己的团队。

一个 CPA 在执业生涯中,要回顾一下,在某个阶段、某个项目上,是否有过盲目的自信,或轻视某个项目或某家客户公司,甚至轻视监管机构? 在我接触的注册会计师或者遇到的审计项目中出现过这种现象。有些审计项目没有做好,出现错误或审计过程反复,甚至审计失败,或多或少都与这种盲目自信、自大,把别人当"傻瓜"的思维方式有关。就我个人而言,这样的思维方式偶尔也会自觉或不自觉地发生,但多年的经验教训一直在心底提醒自己,这是一种不好的工作作风。在审计中,千万不要把别人当"傻瓜",才是一个有担当的 CPA 所具备的素养,才能在审计中游刃有余。要做到这一切,应注意以下几点。

1. 不盲目看低自己的客户

实务中,在一线的审计人员常常会有这样的感叹:是不是这个财务经理脑子有问题,这样的问题都看不出,傻不傻? 而在会计师事务所内部会有同样的问题,一些项目合伙人看着审计初稿会发问:这样的问题你们都发现不了,是不是傻? 我们可以看到,在日常审计工作中,看低他人并不是个别现象。仅凭他人的一个疏漏就判定"傻不傻",太草率了。注册会计师在审计的过程中,千万不要有把别人当"傻瓜"的想法,把别人当"傻瓜",自己一定会跑步进入傻瓜的行列。我觉得,如果一定要有傻瓜的话,我们的 CPA 宁可把自己当"傻瓜"。

我担心的是有一定资历的 CPA,尤其是项目合伙人盲目自信自大,轻视自己的客户。因为这些 CPA 都是团队的带头人,他们的盲目自信会影响整个团队。有一个案例,一家客户公司的财务信息经常出现一些无关紧要的小错误,财务总监总是很"谦逊",对审计人员的整改意见非常重视,负责该项目的 CPA 因此以为该公司财务总监有点"傻",忽视了某些关键交易存在的问题。幸好项目合伙人头脑冷静,不相信一家上市公司的财务负责人是个"傻瓜",对一些关键信息进行了重点查验,避免了一次重大的审计错误。

项目经理和合伙人必须认清,能够做到 IPO 的公司,其关键岗位不会养"傻瓜"。

2. 处理高端风险项目时要愚钝一点

CPA 在审计中把自己当"傻瓜",愚钝一点,有一个重要原因,那就是注册会计师的审计在中介服务这个链条中,本身并不具备俯视别人的客观条件。

有人戏称,注册会计师在整个资本市场中介服务机构中的位置,好比是动物界的食物链底端。同样是中介服务,律师、基金和券商人员的服务含金量高,特别是在 IPO 过程中,他们是整个项目流程的设计者,整个上市过程中的资源配置、条件、路线是由这些高端服务机构的专业人士设置的。在这样的背景下,注册会计师没有理由不放低身段,也没有理由把别人当"傻瓜"。

记得有一位 CPA 曾经因为要复核被审企业凭证而让被审企业财务主管主动加审计费 20 万元而沾沾自喜,认为被审企业钱多人傻。当我提醒他:"那你就好好复核那些有问题的凭证。千万别被'傻瓜'坑了。"果然那里面有猫腻。从某种意义上讲,"傻瓜"是审慎的代名词。在审慎的情况下,被审计企业的错报对于财务报表的重要性究竟有何种影响,可由注册会计师进行综合分析后作出准确的判断,然后依据判断提出更正的要求。一些 CPA 根据自己的经验,自大自信,相信自己的直觉,不进行深度的思考,轻信管理层的解释。殊不知,某一个看上去无关紧要的错报,如果与相关的交易结合起来看,或者连同在审计过程中累计的其他错报综合考虑时,就会发现这个单独看无关紧要的错报则是重大错报的冰山一角。实务中,出现审计过程反复,甚至审计失败,就是因为项目经理以为自己有孙悟空的火眼金睛,盲目自信,被简单的障眼法迷惑。所以,把自己当"傻瓜"不会吃亏,把别人当"傻瓜"往往会"吃药"。

把自己当"傻瓜",就是放低身段,看清自己的"弱者"位置。这样,就会笨鸟先飞,老老实实学习专业知识,提高自身综合素养;面对错综复杂的形势,就会踏实谨慎,不投机取巧,不轻易放过疑点;就能够在低端作业与高端风险的强烈反差的夹缝中求得安全和发展,对得起付出辛勤努力的自己和团队。

3. 认知团队的长处和短处，不断提升执业水平

不把别人当"傻瓜"，还包含了客观认识自己和自己的团队。

审计行业是一个市场催生出来的行业。在整个社会对这个行业需求急增的情况下，各种非会计、审计专业的人士纷纷进入这个行业。经过一段时间的工作，他们完成 CPA 的考试课程，成为一名注册会计师。尽管 CPA 的考试有一定的难度，但每年过考的人数还是很可观的。客观地说，这个行业的门槛不是想象的那么高，人员的专业素养也良莠不齐。

再者，由于审计工作带有明显的时效性，在一定的时间段有大量的工作要做，往往来不及消化过程中的难点要点和解决办法。审计师对账簿之外的东西关注较少，只注意微观和具体财务指标，导致大局观不强，视野不宽，分辨不清哪些是"西瓜"，哪些是"芝麻"。

因此，项目经理和合伙人必须认识自己，认识自己的团队，了解自己团队的长处和不足，特别是对一些重大的审计项目，要认真考虑事先的人员安排、事中的质量控制等，甚至可以事先进行培训。在项目完成以后，项目经理和合伙人一定要进行总结，对难点要点的处理方式进行评估，找出可以优化的地方，把完成每一项重大审计项目当作专业能力培养和提升的机会。

客观地看待自己的团队，除了认清专业能力，还要认识自己团队专业以外的素养。"功夫在诗外"。注册会计师也是如此，在实践中，注册会计师在执业过程中会遇到不同的客户，会涉及许多非专业的问题，如客户公司的技术、市场、企业文化等。这些问题貌似与审计关联不大，但往往影响财务处理时的习惯和方式。有时候，风险点就是从

那些好像是审计专业以外的地方发现的。

把自己的位置放得低一点，愚钝一点。如果注册会计师承接了某个客户并服务 3 年以上，还是这个公司以及行业的门外汉，只会做审计，不了解这个行业的特殊性，大概是不会有进步的。所以，注册会计师的执业过程不仅是履行审计程序的过程，更重要的是循环学习的过程。

要成为一名审计行业优秀的注册会计师，就需要正确认识自己，尤其在新的领域面前，需要学的东西很多，应把自己当"傻瓜"，认真学习，并把这种精神传导给自己的团队成员，在熟练掌握《审计准则》的同时，成为某个行业、某个领域的专家。

4. 永远要有敬畏之心

把自己当"傻瓜"，还有一个讲究，就是要有敬畏心，要讲专业，讲法律，讲政治。在这个方面，要小聪明，玩手段，长期下来一定会栽跟头。

在目前的市场上，往往会出现这样的现象，对某一个案例的分析判断，不同的会计师事务所和注册会计师会作出差别很大的结论，同一类的案子不同的会计师事务所可以出具结论完全不同的意见。甚至有些客户公司的委托因风险太大被一家事务所拒绝后，立刻就有其他事务所答应无条件接受委托。同样一家客户公司的审计在一个事务所需要 30 个人才能完成，而另外一个能力、口碑未必更好的事务所可能五六个人就可以完成。显然，这里面不可能仅仅是专业能力的问题，从发生的舞弊案例中可以看到，在这个行业，不讲专业、不讲法律、不讲政治的"聪明人"是客观存在的,游走在灰色地带的"专业人士"也不在少数。

需要强调的是,项目经理以上的注册会计师已经有一定的资历,能够独立承担重大审计项目,千万不能沾沾自喜,盲目自大,一定要摆正位置。要充分认识自己,认识目前的环境,认识行业的风险,认识这个行业要学习的东西很多。审计人员要承担的风险远远高于一般人的想象。应把服务的客户公司、其他行业的从业人员、监管机构看得强大点,把自己看得弱小点,时时刻刻谨慎从事,避免犯错。

因此,敬畏之心不可少。要时刻保持敬畏感,敬畏法律,敬畏专业,敬畏良心;知道哪些可以做,哪些不可以做;不为某些眼前暂时的利益所诱惑。职业敬畏感是注册会计师行业从业人员的基本素质,也是一个"傻瓜"式 CPA 的必备要件。

功夫有时在账外

查账很重要,但仅仅查账不需要CPA。

风险导向和内控检查等方法的运用已大大拓展了审计的目的和范畴。

数据真实是审计的最重要环节。产业链、账外的数据信息异动是当前审计的一个重要内容。

写诗的"功夫在诗外",审计的"功夫在账外"。

在一般人的眼里,审计就是查账。这种朴素的看法30年前可以理解,因为国内早期的CPA就是这样做的。但如果现在还认为审计就是查账,认为CPA的工作可以如此简单,CPA就失去了存在的意义和价值。

诚然,查账是审计工作相当重要的一环。改革开放的早期,CPA的审计确实以查账为主要方式,以账册、账表、凭证以及相应的实物盘点为中心而展开工作,主要精力集中在从原始数据到报表整个流程的检查。俗话说,查的就是你做不做"假账",或者账面记录有什么漏洞。完成这一工作所耗用的工作量占审计工作量的九成,这一工作完成,审计工作基本完成。

然而,所有的账目都轧平了,是不是就是完美的审计呢?如果以企业财务报告真实、公允与合理地表达企业经济活动的这一标准而言,CPA有许多工作要做,而不仅仅是轧平账目就可以高枕无忧、万事大吉,没有想象的那么简单。

近十几年来,随着信息化、大数据、人工智能等技术的发展,账面的计数审核过程变得快捷而简单,财务报表的明细可以瞬间在电脑上显示,其结果也越来越准确。单纯的查账已经变得相对简单。由此,审计方向、审计内容、审计方法、审计程序也相应发生了变化,其深度和广度也不断扩展。

更重要的是改革开放以来,我国的市场经济快速发展,投资主体不断多元化,特别是随着证券市场的发展,各类企业、股东和企业管理者呈现出丰富多彩的状态,原来自上而下的垂直审计转变为平行的第三方审计。投资者、管理机构对会计信息的要求越来越高。风险导向审计和内控检查的运用等现代审计方式被社会普遍接受,也被专业的审计广泛运用。审计重点不仅在审核数据的真实、合理与合法,更重要的是查寻这些数据信息背后所反映的原因、规律和影响程度。

换句话说,CPA不仅要具备相应的专业能力,能够从账面上发现问题,还应从账面之外找到蛛丝马迹,发现账面上没有呈现的问题。即古人说的"功夫在诗外"。现在CPA的审计,就是功夫在账外。这个功夫,就是要具备与审计业务有关的其他能力,即综合能力。

几十年的实务经验证明,注重专业能力以外的其他能力,注重报表以外的其他信息,是提高审计效率,高效、精确地抓住审计重点,解决审计难点的重要手段。

1. 与更多的人沟通交流

语言交流比较直观，无论是新客户还是老客户，交流是审计的程序之一。尽可能与更多的人进行交流，获取更多的信息，应该是审计的一个重要内容。

公司的实际控制人、董事会成员、监事、财务总监等重要管理人，是 CPA 沟通交流的重点对象。要注意每一位沟通对象发表意见时的态度和看法。即使同样承担相应责任，由于利益不同，对某些问题的看法也不同，有时甚至有天壤之别。CPA 需要注意的是从不同的角度，发现意见相左的形成原因。

客户公司与 CPA 接触最多的是经办业务的财务人员，他们掌握着具体事宜的相关信息。与财务人员的交流可以获得某项交易的背景、交易的过程和执行层面的难点。同时，CPA 在了解情况的同时，也需要向客户指出某些交易所产生的法律后果，以及可能承担的法律责任。实务中，有些客户经办人员及其负责人不一定知道某些行为的法律后果，在了解其中的利害关系以后，客户能够主动向 CPA 提供更多有价值的信息。

CPA 与客户的沟通和交流是多层次和全方位的，有些看似不了解某项交易内情的人员，如司机、门卫、食堂服务员等，不经意间也能够提供相当有价值的信息。关键是 CPA 要做一个有心人，提高辨别信息价值的能力。笔者在审计某个交易项目时发现，客户公司提供的材料表明公司的经营状况良好，现金流充足。但是，有次该公司实际控制人的司机送我回驻地，在车上闲聊时，我获知实际控制人最近忙着为解决员工奖金问题而四处调"头寸"，这与客户公司提供的材料大相径庭。这件事情让我对该客户的风险评估有了新的认识。

有条件的话,应尽可能与更多的人沟通交流。在承办存在"保壳""摘星""摘帽"的公司审计时,不仅要与客户公司的相关人员交流,有时候还需要与证券机构的相关人员沟通,力求掌握更全面的信息。

2. 熟悉客户的产业链及相关关系

CPA 对客户的上下游产业链进行梳理与调查非常重要。

多年的实务经验告诉我,一家公司若想造假,不可能凭空完成,真实的经营有真实的产业链,虚假的经营必然有虚假的"产业链",假的要演成真的,必然会依附在真实的链条中。造假往往发生在该公司的外部链条上。所以,单纯查看客户公司的资料是远远不够的,仅仅凭函证、访谈等所谓的审计程序,对这类造假公司的审计效果不大。

经常听 CPA 说:"应该做的我们都已经做了,查不出问题我们也没有办法。"把所有的精力聚焦在"账"上,不在账外下功夫,这就是简单理解审计就是做账的典型。

在此,我介绍一种方法,即要求客户配合扩大审计范围,甚至要求客户的供应商和销售商打开账册让 CPA 审阅。如果客户不愿意配合,应该明确告知并在审计报告中加以说明。CPA 在前期所做的准备工作虽然有点麻烦,但大大降低了日后的审计风险。

延伸审计必要时可以寻求政府监管部门的支持,借助监管部门的力量来达到审核的目的。

与梳理产业链相关的还有辨别关联交易。

目前,多元的投资和投资的多元,形成了各种各样牵丝攀藤的关联公司，"你中有我，我中有你"的公司多如牛毛。几十个不同的公司，可能就是几个人，甚至就是一个实际控制人。一个非投资专业的影视明星，整出十几个表面独立的公司，这早已不是传说。因此，关联关系的确认对 CPA 来说确实变成了难题。这些实质的关联交易，在外部呈现的却是非关联化。即使请律师出具法律意见书，去市场监管部门查询，也未必能够梳理出头绪。

有几个监管部门对 CPA 的处罚案例，说明了辨别关联交易是多么重要。CPA 履行了相应的程序，却没有发现相关交易的关联关系，结果被处罚。也许，被处罚的 CPA 会感觉很"冤"，但没有识别出关联关系，就是工作没有做到位，结果说明一切。我认为，必须有个基于交易的常识性判断，就是交易只有符合真正的商业逻辑，这个交易才有可能是真实的。在商场上没有无缘无故的"爱"，也没有无缘无故的"恨"。没有人愿意明知亏本，白送你 100 万元人民币，你也不会明知亏损，还白白送给交易对方几百万元，除非双方是利益相关者。

CPA 一旦发现不正常的交易，首先要求客户与交易的对方配合，让 CPA 审阅交易双方的账务处理记录，其次要求交易双方解释这项交易的理由。需要说明的是，当 CPA 初步意识到有关联交易的可能时，客户声明书和其他书面依据已经不是很恰当的依据。因此，依据双方对交易的解释，必须参考各种证据，给出合乎法理的具有明确意见的报告。

3. 关注二级市场的反应和公司关键人员的异动

客户公司在二级市场的股价波动必须关注。由于社会经济的发展,充分竞争的行业大部分已经成为"红海",一部分公司原来的主营业务无法支撑其公司形象。为了能够在某一时间段获得较高的市值,甚至迎合市场的投机者,这些公司操纵市场,内外配合,对外释放利好消息,故意大幅度虚增利润,投机商则顺势拉高股价,在一定的时间段获取利益。有些公司的股票在二级市场被称为"妖股"就源于此。对此,一个合格的CPA必须关注公司的股价变动、股份转让、持股人的股权质押、持有人的变动情况,发现问题,管控风险。CPA此时一定要保持头脑清醒,不要陷入这个"坑"中,更不能为了一时的蝇头小利,与不法人员沆瀣一气,为虎作伥。

从二级市场发现客户公司存在的问题,更好地了解客户公司的经营方式,预先评估其风险,是CPA功夫在"账外"的基本能力。

客户公司关键人员的人事异动必须关注。在某项重大交易前后的人员变动,特别是专业岗位上的人事变动,往往有其特殊意义。如客户公司在某个重要节点、关键岗位的人员,如财务总监、具体经办的财务经理、法务等,突然出现辞职、调离、增加经办人员等,应予以重视。实务中,伴随关键岗位的人员异动,往往会出现专业人员被边缘化,非专业人员来经办特殊交易,甚至公司的实际控制人直接处理具体交易,忽略、缩减正常程序的情况。这些现象使蕴含的风险大大提高。

综上所述,CPA必须保持冷静和谨慎。在人员发生变动的初期,对即将调离人员的访谈显得非常重要。特别要观察那些责任大、收入不高岗位的经办人员的反应变化。有时这样的访谈未必能够获得有直接价值的信息,但需要CPA敏锐的洞察力和辨别力,要注意"弦外有音""话里有话"。

4. 让专业的人或机构做专业的事

功夫在账外，并不是让 CPA 包打天下。CPA 依据自己的能力，发现疑点，但如何顺藤摸瓜，厘清所有事情的来龙去脉，限于相关的法规、权限和专业能力，未必能够做到尽善尽美。术业有专攻。因此，利用"外脑"，聘请专业的咨询机构，专业的事情让专业的人来做，是一项明智的选择。

近年来，媒体不断曝出一些公司的实际控制人将公司的资产转移至境外的恶性案例。有些公司的实际控制人，周一还在公开场合畅谈公司的美好前景，不到周末却人去楼空，给投资者造成极大损失。

CPA 能够了解客户公司的生产经营情况，银行贷款、抵押，股东的股票质押、家族婚姻、国籍变动等事项，但有些审计事项超出了CPA 的工作范围。因此，在面对相对复杂，且社会影响较大的审计事项时，聘请专业的咨询机构是必要的。

多年前，我曾与"四大"之一的事务所合作审计一家客户，了解到客户有境外公司，投资框架比较复杂。我们查阅了境外的会计师事务所出具的审计报告，无懈可击。直觉告诉我们，越是完美，越应该谨慎。我们高价聘请了当地一家咨询机构，对这家公司进行了"全身体检"，结果发现这是一家跨国洗钱公司。境外公司的主要业务就是配合境内公司洗钱。尽管此项业务审计成本高了点，但与避免潜在的巨大风险比较，支付这点成本还是值得的。规避审计风险一方面维护了我们会计师事务所的信誉，另一方面也为社会避免了一个恶性事件的发生，这也是我们每一位 CPA 应尽的社会职责。

功夫在账外，不是否定账内工作的必要性。在做好账册、凭证、账表、合同、协议、声明书这些基础工作的同时,CPA 要充分利用现代科学技术和更多的信息渠道,在尽可能短的时间内,更多地了解客户的各种情况,将账外账内的信息融合比较,辨识相关材料的真实可靠程度,找出审计的关键点,确定审计计划和方法,精准完成整个审计项目,更好地服务客户,服务社会。

换个角度看问题

看企业,首先是看企业的人,好坏善恶,皆有因果。

CPA 想"以不变应万变""一招鲜走遍天",行不通。

企业在不断变化,审计亦讲究不断变化。

审时度势,多个角度看问题,是 CPA 日常执业的基本要求。

会计报表是某个企业或实体经济经营事项在财务上的反映。而注册会计师则是通过阅读财务核算记录,了解企业经济业务事项,获取审计证据佐证事情本末,并验证企业账务处理的合规性,以揭示企业的经营状况和经营成果。经济活动必然是人参与的,财务核算记录是人做的。注册会计师在整个审计过程中,要与冷冰冰的数字打交道,更要与鲜活的人打交道。

基于审计学科的特点,按照审计目的和流程,注册会计师应该怎样看企业?怎样看企业的人?仅仅是一个角度,平面地看问题,还是从两个角度,或者多个角度,多维立体地看问题?答案显然是后者。

1. 看企业,首先是看人

企业规范与否,与公司内控治理程度、大股东或实际控制人的情况(人生阅历、教育背景、性格偏好)、职业经理人能力等方面密不可分。相同的事,不同的人去办,结果会不同。企业规范与否,与人的善恶密不可分。所以,看企业,首先就是看人,看企业的实际控制人。

江苏省某二线城市的一家上市公司,主要从事医药产品的研发、生产和销售。20世纪90年代末,公司从国有老厂改制,成为一家职工持股的股份公司。公司员工大部分都是原来工厂的工人。在IPO阶段,公司曾委托"四大"之一的某会计师事务所提供审计服务。可以想象,由于文化理念、表达方式的差异,双方无法在同一个层面有效沟通,最终公司决定更换会计师事务所。于是,我们承接了这个项目。

接手这个项目后,我们从第一维度了解这家公司,当时的情况是:

(1)面对"四大"之一已到手的项目,却在申报过程中变更了会计师事务所。

(2)公司从事医药行业,属于IPO审计的高风险领域。

(3)国有老厂改制未满10年,大部分员工在理念上与资本市场要求仍存在差距。

(4)地处江苏二线城市,企业和员工欠缺资本市场运作经验,高端人才引进亦存在局限。

依据第一维度掌握的情况判断,一般都会界定这是一个高风险的IPO审计项目,我们一开始也是这样想的。通过一段时间的沟通和调查,我们发现,公司虽地处二线城市,但员工并非散漫和无序,相反公司管理层作风朴实、稳健,公司治理也相当规范。更值得一提的是,公司的董事长为人谦逊、简朴和自律,给我们留下了深刻印象。董事长不仅按照普通员工每天几元钱的伙食标准在大食堂用餐,而且上下班踩着他那辆"老坦克"自行车,十多年风雨无阻,用他的话讲就是赶路和健身两不误。公司里有两辆奥迪 A6,这是因为上市,为方便接待各路贵宾而新添置的公务用车。正是因为公司有这样的领导,才有公司经营发展的快速、稳健和规范。我们完成这个审计项目以后,公司便顺利上市了。

这家公司上市至今近 20 年,业务运行十分稳健,业绩翻了 25 倍,并连续被监管部门评为 A 级企业。

从一个角度看,这家企业观念不那么前卫,人员老化而且有点"土"。但是换个角度看,也许就是不盲目追求高大上,看起来好像有点"土",才恰恰是从事高风险的医药行业最需要的稳健作风。

2. 好坏善恶,皆有因果

世事看似无定数,却有因果关系,有内在规律可循。注册会计师面对的审计风险,主要源于客户企业自带的风险。因此,深度了解企业自身情况、所处发展阶段、内外部环境,以及高管个人的发展轨迹,是可以发现企业存在的潜在风险的。

记得若干年前,我们审计了一家国有上市公司。该公司总经理因挪用国有资金而锒铛入狱。当时,这家企业经营业绩还算不错。因打交道多年,我们与这位总经理已相当熟悉。那年,企业因动迁需要清算子公司账面资产,清算处置后形成的收益有几千万元。而这位总经理却通过"一女二嫁",一方面将企业资产虚假报损,转移至外部,然后由另外一家子公司重新购入,挪用贪污国有资金数千万元。若干年被查实后,总经理沦为阶下囚,可惜可叹。

在公司经营状态恶化、面临困境的情况下,公司的实际控制人,或者整个管理层铤而走险,造假舞弊,其行为已触犯了法律。在公司运营平稳时,他们为了一时的利益,瞒天过海,暗度陈仓,值得深思。其实,任何形式的造假都可以被发现。基于侥幸心理,或许可以在某个时间欺骗一部分人,但不可能在所有时间欺骗所有人。为善的福报可能来得迟一点,为恶的报应迟早会到。注册会计师与客户在日常工作、生活交流中,应多提倡合法经营,多传递正能量,以此培育和维护良好的审计环境,降低注册会计师的审计风险。

3. 祸福相倚相伏

老子说:"祸兮福之所倚,福兮祸之所伏。"企业"好"的时候,未必是真好,或许存在着报表粉饰,或许"欲壑难填",企业为追求更高的目标铤而走险。企业"不好"的时候,亦未必"不好"。所谓"否极泰来""利空出尽利好",这时或许恰恰是企业破茧重生的转折点。实务中的例子已不鲜见。"忧喜聚门兮,吉凶同域"。注册会计师行走江湖,坦然面对企业的"祸福相伴",不仅需要提高自身的修为(审计综合能力),更需要修炼心境。

我们服务的一家上市公司客户,主要从事低压断路器的生产制造。20世纪90年代末,公司来上海创业,核心管理层均来自甘肃小城市的国有老厂。2011年公司申报上市,由于缺乏资本市场经验,资料等相关准备不充分,首次IPO上市折戟。当时,CPA陪着董事长一起参加申请上市的会议等活动,当聆听到上市失败的消息,平日自信、沉稳的董事长默默地伫立好久。下属有点担心,经过这次受挫,董事长会不会在相当长的时间里情绪低落。不料几天后在返沪的飞机上,公司管理层与 CPA 聊起时,表示除了要吸取教训,更多的是如何完善提高,讨论的结果就是还会再战。这份自信,直到现在我仍记忆犹新。

首次 IPO 失败后,公司接连经历了 2012 年度 IPO 财务大核查及超募办法的修改。所谓"真金不怕火炼",公司不仅经历了更严苛的审查,而且亦如当时聊的那样,通过进一步抓管理提效益,不仅公司治理水平上了一个台阶,而且一大批青年骨干被提拔到公司核心管理层,为公司未来发展夯实了人才基础。失败是成功之母,公司于 2014 年 1 月上市时,盈利能力已从首次 IPO 失败时的 1.1 亿元达到 2.2 亿元,翻了一番。

上述这个案例是我们的客户以他们的行为告诉我:换一个角度看,失败就是告诉你的不足;失败不可怕,可怕的是不知道为什么失败。

4. 与时俱进,不断创新

只要是尚未发生的事情,就一定存在不确定性。不确定性就隐藏着风险。面对企业风险,注册会计师主观上只有"做"或"不做"的选择。注册会计师通过修正应对不同风险因子权重大小,以达到降低审计风险的目的。

面对不断变化中的企业,注册会计师想采用"以不变应万变""一招鲜走遍天"的审计策略或审计程序,显然不可取。企业处在不断变化之中,审计自然亦讲究不断变化。所以,注册会计师需要时常通过搞搞"新意思",与时俱进,不断创新,才能满足审计工作的需要,应对审计风险。

　　审计的专业能力通过你的判断直接体现。有时候，判断呈现的是一种感觉、一种直觉，所谓"第六感"。这种感觉类型的判断，需要依靠注册会计师长年审计工作的经验积累。随着岁月打磨，这种感觉就越发强烈，判断力亦更为准确。注册会计师的"一招一式"虽有审计准则支持，但也并非固化不变。注册会计师不应笃信审计准则教材的功效，甚至需要跳出审计框框，具备全局整体意识。应从企业整体和发展出发，布局审计工作，以应对变化。

　　几年前某项目的年审经历，让我至今深有感触。某公司生产框架产品，主要从事钣金作业。其加工工艺仅发生物理损耗，所以半成品与原材料投入之间具有直接的线性关系。当时，对于公司账面半成品余额合理性，公司与注册会计师存在较大分歧。公司认为半成品余额合理，且同意审计员对已包装的半成品抽样开箱检查。审计员认为，单价经计价测试无误，而数量不可能通过全部开箱清点来核对。由于产品规格不同，因此较难甄别结存余额中高估金额规模。

　　记得当时 CPA 通过现场了解和观察后，所采取的审计策略如下：首先，获取原料仓库产证地籍图；其次，按照仓库现场观察货架堆放情况，匡算客户原材料可堆放物料的上限金额；最后，按照料工费消耗及原材料周转率，测算半成品的产出金额上限。经过计算分析，我们发现公司年末结存半成品金额虚高了几千万元。对此取证结果，客户哑口无言，只得承认。

　　审计程序既然是程序，就必然有流程和套路，尤其是在抽样审计前提下，很容易被客户应付和钻空子。在设计、核实客户半成品金额合理性的一般审计程序中，审计员一般不会要求客户全部开箱盘点半成品，而是需要换一个角度去考虑问题，通过"账外功夫"匡算整体金额规模,以验证合理性。

可换一个角度看问题,比如,正面看不出一个人的大肚腩,侧面一看,一目了然。

5. 换一个角度,多维度看问题

"横看成岭侧成峰,远近高低各不同。"人们观察事物的立足点、立场不同,就会得到不同的结论。以厦门国家会计学院的黄世忠教授在《横看成岭侧成峰——评小米令人困惑的财务报告》一文中提及的小米为例,若按照国际财务报告准则(IFRS)标准计算,2017年亏损439亿元;若不按 IFRS 标准计量,则盈利 54 亿元。两者相差高达493亿元,其中仅可转换可赎回优先股调增的利润就高达 541 亿元。若按照 IFRS 标准编制资产负债表,小米 2017 年年末股东权益为－1 272 亿元;若剔除可转换可赎回优先股的影响,则股东权益高达343 亿元,两者相差1 615亿元。这难道没问题? 若是问题,是什么问题? 正如文章的结束语中写道:"是问题又不知道是什么问题,这真是个大问题!"

当人们还在笑谈会计"三术"(技术、艺术、魔术)时,在审计工作中注册会计师则需要面对会计处理,思考问题的因果关系(一维)、不同情况下的会计处理(二维)及考虑企业不同动机后的抉择(三维)。注册会计师不仅要从三维的角度看问题,有时甚至需要从四维的角度看问题,包括时间要素等。

当对一个企业的视角变成多维的时候,我们才能够理解"风投",理解"独角兽"的含义,理解风险和机会的辩证关系,理解那种博弈的快感。

注册会计师看待企业需要多维度思考：注册会计师需要如何审视自己的工作呢？是做一只总是唱衰的"乌鸦"，还是做一只迎合企业的"喜鹊"？抑或只是做一只唱得好听（不解决问题）的"黄鹂"？我觉得，注册会计师应做一只"啄木鸟"，发出自己铿锵有力的声音，这个声音首先是代表了社会大众的呼声，同时也是在助力企业解决财务上的违法违规现象，敦促企业合法合规地处理相关问题。当然，这也体现出注册会计师的服务价值。

新修订的《证券法》已于 2020 年 3 月 1 日执行，监管部门加大了对企业和中介机构的处罚力度，注册会计师有时会承担连带赔偿责任。只要企业存在舞弊后果，注册会计师将无法独善其身。若非"金盆洗手"，资本市场的注册会计师们都将迈入以成败论英雄的时代。审时度势，不仅需要注册会计师换一个角度看问题，更需要从多个角度看问题，这是注册会计师日常执业中不可或缺的素养。

比如，企业的应收款项不能收回，这件事表面上反映的是企业债权的可收回性，或者债权减值准备计提是否充分，但若按照审计准则，注册会计师通常需要考虑：

（1）债权不能收回的原因是什么？

（2）账龄多久了，是债务人造成的吗？

（3）企业是否有能力预判或采取应对措施？

（4）坏账准备的财务核算是否及时，金额是否准确？

倘若换个角度再想想：

（1）企业何时才发现的不可收回款项，企业是否有跟进的内控措施？

（2）除了债务人的原因，企业作为债权人，确认债权所对应的收入时是否亦有冲动和压力？

（3）收入的确认是否存在瑕疵？比如，在经济利益流入上的预判；收入确认时点上的把握；收入金额的确定等。

（4）收入确认资料是否完整，所获取的审计证据是否真实，前期收入确认是否存在会计差错？

（5）企业以往的诚信度如何？当前，企业是否存在压力变化？

（6）除了这笔业务，企业是否还有其他风险类似的情况？

（7）这是个案，还是整个销售回款流程循环的批量造假？

（8）企业是否存在业绩压力，是否还存在其他业务循环流程的差错？

（9）注册会计师对企业及其所处环境的认知是否准确？

细思极恐，但真相只有一个；假的，终归是假的。债权不能收回，暴露的可能只是冰山一角，而更可怕的则是注册会计师未能掌握的企业已存在但未暴露的问题。

第 四 篇

经验来自实践

牵住交易这个审计的"牛鼻子"

审计工作最重要的一环就是紧紧牵住交易这个"牛鼻子"。

必须了解交易的动机。在现代技术条件下,所有的交易轨迹都是可查的。

在追查交易的动机和轨迹的过程中,谨防被误导。

哲学上有主要矛盾与次要矛盾之分。在解决事物的矛盾中,主要矛盾犹如"牛鼻子",抓住了主要矛盾,就是牵住了"牛鼻子",其他次要矛盾就能迎刃而解。

从主要矛盾与次要矛盾的关系,引申到我的审计职业,多年来,我一直在思考,注册会计师的审计工作主要矛盾在哪里,或者说关键节点在哪里?如何抓住审计的主要矛盾,牵住审计的"牛鼻子",已成为我工作之余常思考的一个有趣命题。

会计报表是对经济活动的记录,经济活动最显著的特征就是资产变动,资产变动最终往往更多体现在交易上。哪怕是一笔钱存在银行,也是一种金融交易现象。自从有了会计,有了财务记录,财务账册和财务报表天然就有了其交易记录的特征。但是,这种交易记录有时候并非完全根据客观的存在记录和汇总,而有其主观的一面,尤其在期间费用和资本费用的划分上,主观判断和职业操守具有相当大的变化空间,容易产生错报、舞弊等违规现象,是审计的重点。

多年的审计经验证明,任何一笔异常交易甚至精心设计的恶性造假案例,只要注册会计师认真研究,采用恰当方法去破解,总能找到破解的通道。因为任何信息都有变化轨迹。任何一笔交易、一笔资金在账面上都有其来龙去脉,不会凭空产生,也不会凭空消失。只要从资产交易(或变化)这一环节入手,掌握经营过程中的全部交易信息,包括查验可能受到限制的关联和无关联的交易对象,寻找交易中的各种资产变化情况;同时,运用人工智能与大数据,对各种财务信息和会计报表互相核对比较,就能找出会计报表错报的路径和报表编制者的主观动机。

1. 交易的动机

动机是决定行动的灵魂。经济活动的本质是逐利,这一点在资本市场尤甚。一般情况下,没有人会去做一件付出代价,担了风险却没有任何回报的事情。在市场上摸爬滚打多年,能够把公司打造成为上市企业的负责人更不会做既没名又没利的事情。所以,抓住交易动机是逐利这个根本,就是牵住了交易的"牛鼻子"。

要牵住这个"牛鼻子",审计人员对重大交易动机的分析判断,就需要放到整个企业活动的大背景中来考量,厘清其中的脉络和各方利益所在,不能仅仅看作单纯的一笔交易,以免犯"只见树木,不见森林"的错误。

大部分情况下,交易是单纯的。一笔交易,去除所有成本,应该获得合乎这个行业的基本利润。在有些情况下,交易也会出现亏损。例如,最常见的是新品上市,在一定时间内,营销费用增加,成本需要随着产品的销售增加来分摊;还有在企业扩张阶段,前期的费用急剧增加,交易出现亏损,使得公司的总利润被摊薄。这些现象在公司的战略发展规划中可以发现,能够解释清楚。

若某些交易出现不符合这家公司所在行业的行规,其交易动机就值得怀疑。实务中,有的公司在采购交易中,把整个年度需要采购的原材料在第一季度全部完成,然后全额支付了费用。这种行为明显违反一般企业的采购流程,与整个行业的通行做法也大相径庭。这种交易动机就值得怀疑。事实上,这家公司就是在做资产的腾挪,表面上看,采购行为有合同、有发票、有银行转账,就是没有真实的原材料入库。

这里特别需要指出的是,要关注企业在特殊情况下的动机与手段的合理性。

当一家上市公司处于连年亏损,面临 ST 的时候;或者一家公司连年 ST,面临退市的风险的时候,公司会采用比较激进的经营方式,试图摆脱困境。这样的动机本身没有对错,也许目标明确,措施得当,一举摆脱困境,也是有可能的。但是,这样的选择也面临比较大的经营风险,在操作过程中,有些具体行为往往在合法与不合法的灰色地带游走。一旦目标没有全部实现,就会在资产的管理和变动中寻找弥补方式,在财务报表上寻找"出路"。

在这种情形下,厘清公司在整个年度的目标,了解公司的动机,再分析公司的财务报表就显得特别重要。此时,审计人员不能以动机的"善"或者"恶"来考虑问题,而应是以交易和记录的合法性来看问题。有的动机可以理解,但手段如果违反相关法律法规的规定,是绝对禁止的。

许多经验不足的项目合伙人,在这方面吃了不小的亏。例如,由于是交往多年的客户,有一定的感情,合伙人内心希望公司能够渡过难关。因此,合伙人的判断能力下降,虽然感觉公司在某些交易中存在一定的问题,但还是轻信了管理层的解释,放弃了对一些问题的深究,进而对案例的审核作出了相反的判断,造成了审计风险。

总之,动机是交易目的的直接推动力。有几点需特别重视:交易方式下隐藏的恶的动机;合理的动机和不合法的手段;不需要利润的交易和能够短期获取暴利的交易。

2. 重视交易的轨迹

有交易就有轨迹。就像河流一样,每一条溪流归入河流,然后汇入大江大河,最后奔向大海。有些深潭,貌似一潭死水,其实底下静水深流。资本像水一样,流动就是交易,只要有交易,必有轨迹。

交易轨迹的审核与判断是 CPA 审计的核心。审核的重点因为目的的不同侧重点也有所不同,对上市公司的审计应该以利润表为核心审核其轨迹;对其他类型的审计,如离任审计、银行担保等可以采取以资产负债表为中心的审计。但无论何种目的的审计,找出其交易轨迹是硬道理。

首先,CPA 要有突破审计准则规定的思想准备。

理论上来说,在现代技术条件下,所有的交易轨迹都是可查的,正所谓"雁过留声"。没有一项交易的所有痕迹都能够被销毁。在一般的审计过程中,运用审计准则规定的程序并不完全能够揭开其交易实质。在实务中,往往由于受到审计范围和手段的限制,对某些交易的轨迹无法厘清。在这种情况下,审计人员一方面可以将利害关系向客户公司交代清楚,施加一定的压力,让客户公司配合审计。另一方面,可以根据实际情况,扩大审计范围,切忌因不在审计范围而自找解脱。在审计出现失误的情况下,任何理由都是苍白的。

其次,要盯紧不公平交易。

实际工作中,CPA 在审计中会发现存在不公平交易,往往把工作重点放在关联方的识别上,花了大量的精力。如果在确认不存在关联方的前提下,即使是一笔明显不公平的交易,审计人员也可能会确认该笔交易,往往就此埋下了重大的风险隐患。也许 CPA 会认为自己已经采取了多种手段,实在找不到其中的关联关系,只是一次赔本的交易而已。CPA 应充分认识到自己的工作手段有许多局限性,不能单凭账面和客户公司的解释就放过疑点。从不放过交易中的任何一个疑点的思路出发,才能防范错报风险。

坚持分析审核交易的公允性和合理性是 CPA 作出结论的唯一标准。审计人员应了解审计单位的业务,至少是"半个专家",熟悉审计行业的各种惯例。对交易的公允性和合理性作出判断的同时,应参考这个行业的一些习惯操作方法,深入寻找不公平交易的蛛丝马迹。

最后,提防交易套路暗流。

自然界中,湖面上水平如镜,深处却是暗流涌动。审计中也有这样的情况。一些恶意的造假行为,就是按照会计和审计准则的规范要求而设计路径的。不少重大的造假案例说明,造假者其实早已准备好所有审计需要的凭证,需要函证的机构也做好了回函的准备。说实话,他们预估了所有的可能。在这种情况下,一般的审计很难发现其中的问题,一切都是按照规范、按照流程、按照程序、按部就班地得出最终他们需要的结论。

在有限的时间和范围内,能够发现这类交易的轨迹,不仅仅依靠 CPA 的专业知识、经验积累,还需要一定的胆略和缜密的思考。说实话,探寻这样的轨迹不仅仅是技术问题,也是艺术的发挥,有时候是突如其来的灵感的迸发,比如,扩大审计范围、突破准则的规定动作等。注册会计师不仅需要认真学习新的知识和新的规定,而且需要花很大的精力对不同客户、不同行业深入研究,研究其运行轨迹和运行的合理性等。这也是一流的 CPA 与普通会计师的差距。

3. 谨防被交易误导

会计报表应当反映企业当期的运营管理情况,即向财务会计报告使用者提供与企业财务状况、经营成果和现金流量等有关的会计信息,反映企业管理层受托责任履行情况,有助于财务会计报告使用者作出决策。

CPA 在对上市公司的审计中,受各种条件和能力限制,不可能像理论上所讲的那样,对所有财务信息都一一核实。这在实务操作中是很难行得通的,而且也没有必要。但是,CPA 必须明确判断,在所有交易中,哪些事项对会计准则有重大影响,哪些属于非重大影响的事项。哪些交易必须在审计报告中披露,对于那些可能具有重大影响的交易,不论其交易数量的大小,必须想方设法捋清交易轨迹,一查到底,避免误导投资者。

实务中,由于一些客户在当地属于有一定影响的企业,或者是国有大型企业,当他们出现问题时,地方政府、上级单位,甚至监管部门会出面"沟通""说情",有的是解释这家公司对当地的重要性和影响力;有的是以各种理由、"故事"为客户公司提供口头上的担保;还有的以提供更多业务来利诱,当然,如果不按他们的意图出具审计报告,有的就会施加各种压力,如终止会计师事务所在当地的其他业务,甚至以某些莫须有的名目威胁 CPA。

如何应对以上局面是对 CPA 的重大考验。这也是被审计单位与 CPA 之间的交锋。

CPA 必须清楚地认识到,在与被审计单位进行某种沟通时,对方的任何承诺都不具有法律效力。最终的审计报告都需要 CPA 签字。所以,当 CPA 完成审计业务之后,若出具的审计报告隐瞒了重大的内幕交易,未披露财务作假和舞弊现象,最后的责任承担者就是 CPA。所以不能相信对方的任何承诺,甚至担保。CPA 只有坚持底线,宁可把自己当"傻瓜",不理会那些交易条件,不拿自己的职业生涯去交易,才会合理规范地规避风险。

总之,密切关注交易这个审计中的关键环节,分析交易的成因、背景,不为假象所迷惑,就等于牵住了审计的"牛鼻子",便能"小心驶得万年船"。

对"商誉"审计的几点解析

商誉无形，却有实实在在的价值。

资本善"腾挪"，市场上在账的商誉价值超万亿元，真正价值几何？

CPA是责任人，评价商誉，对商誉的增值、减值，需要严谨科学的方法。

商誉，通常认为是能为企业未来经营带来高于正常投资回报率所形成的价值。其内容可简单概括为社会的好感、超值的未来收益以及超过个体价值总和的总体价值。因此，有人把商誉解读为无形资产。在资本市场，特别是公司上市、公司并购重组中，商誉的价值就有充分的体现。商誉是一把双刃剑，价值评估维护运作得体，对公司经营会有正面的促进作用；商誉的价值评估维护运作不当，会对公司的经营发展带来潜在的风险。

近年来，随着证券市场并购业务、并购热潮的风起云涌，商誉的认定和商誉是否减值测试变成了一个热点问题。据统计，目前，在已有上市公司中，记录在账的商誉价值累计万亿元。这些被监管层认定为公司发展过程中形成的非实物资产，已经成为资本市场和上市公司运行过程中的包袱，并可能随时爆雷。这种匪夷所思的现象有其存在的历史原因，目前对资本市场造成了极大的潜在风险。

正常情况下,公司之间的并购行为是交易双方通过博弈而达成的一种共识。这种共识会对公司发展带来协同效应或产业链延伸,是 $1+1>2$ 的效应。这种市场行为产生的商誉并非坏事,商誉标志着公司有良好品牌和较强的市场竞争力和盈利能力。可口可乐、苹果公司拥有巨大的品牌优势和商誉价值,被市场和广大投资人所接受,投资人为拥有这些公司的股份而感到自豪。但在国内的个别上市公司中,为何有的上市公司拥有巨大的商誉价值,而又为商誉所累呢?答案是商誉的认定和商誉带来的财富增值,不符合市场交易应有的公开公平原则。

首先,并购重组中,交易双方对交易资产的作价是由双方考量多种因素后达成的一种交易价格,理论上讲是一种市场行为。根据现行法律法规规定,在定向增发购买资产的交易下,超过被并购资产原始价值的增值部分可以以商誉形式折合成股份。在这种财富效应驱动下,并购双方为了各自利益采用种种手段,充分运用商誉的增值手段谋取利益。由于目前证券市场还未完全规范,投资者听到有重大资产重组,股价会产生异动,而标的资产对于股价的持续攀升,会对标的资产折合成股份产生很大影响,所以标的资产增值幅度对持有较大数额股份的股东来说会带来巨大利益。大量案例证明,这种看似正常的市场行为,实际隐藏了不正常的交易背景,公司大股东财富一夜暴涨,对资本市场的公平、公正和健康发展带来较大的损害。监管层为弥补这一缺陷,设置了对赌条款,如果完不成披露盈利,将核销标的资产股东的股份,以此来限制并购重组中过度利用商誉的行为。有的上市公司为了规避这一限制,在促成公司重组之后,便采取杀鸡取卵的方式获利,或者从账面上获取盈利。对赌期结束之后,没有了约束,效益便断

崖式地下降。近几年来，上市公司发生的一些重大恶性案例，有 70%
来源于并购重组后的上市公司。

其次，商誉的形成和认定计量也存在较大的弊端。在交易双方达
成交易价格之后，评估公司往往是以结果来验证其交易价格的合理
性，很少有评估公司的评估结果与交易价格存在较大差异。我和许多
评估公司的朋友谈起对商誉评估的方法时，基本都是采用收益现值法
来考虑未来收益和现金流。这种方法本身就有许多不确定性，而由这
些不确定的因素所形成的评估结果，自然也不会真实反映资产评估价
值。实践中，某些评估增值的价值已在重组方式下被认定为股份，变
成了交易一方的利益。此外，由于资产交易审批制度的设置，会在原
有商誉之上新增一块新的商誉，即某时点认定的资产交易估值，因为
审批滞后的原因，造成审批后标的资产估值增值，这种设置安排对中
小股东显然是不公平的。

因此，要获取真实合理的商誉认定，应该考虑公司的历史沿革、品
牌文化以及在行业中的地位、核心竞争力和销售渠道。应该综合考虑
以上因素再进行量化分析。其路径如下：

第一，在上市公司的并购重组中，交易双方对相关交易背景、交易
动机和标的资产的相关信息必须及时公开。交易价格不应仅由交易
双方单独确定，而应听取中小投资者的意见。监管部门不应该参与和
引导价格的确定，但应提醒公司组织相关有资质和独立的专家和人员
对价格确定出具咨询意见，并将意见及时公开。披露信息的时间应该
采用定期与不定期相结合的方式，贯穿于并购重组的整个过程。

第二，评估机构不应以并购双方议定的结果来倒推评估方法，而
应采取更科学、更合理、更严格的方式对标的资产进行评估，对评估结

果承担相应的法律责任。

第三，实务中，监管部门对并购完成设置了对赌条款，没有完成盈利核销标的资产股东的股份，是对中小投资者的一种利益保证。但仅仅考量利润这一指标，决定是否核销股份是不全面的，核销股份不仅仅要考虑利润指标，还应考虑其他综合因素，如侵占、违规、恶意造假等。预期利润尚未完成由多种原因所致，要看其是否合理。经营活动受多种因素影响（包括不可抗力因素），需要综合分析考量，这样可以减少恶意造假的动机。

对于核销股份，不仅要核销被收购方股东的股份，还要核销收购方股东的股份，因为交易是由双方共同达成的，双方应承担相同责任。交易完成后，公司在新董事会的领导下进行经营活动，公司管理层理应共同承担责任、共享利益、共担风险。

第四，商誉的构成和计量本身是非常严肃的，商誉一经形成和计量，相对来说稳定性比较强。目前，监管部门要求中介机构，特别是CPA对商誉每年进行测试，并且找专业机构或者评估机构对商誉进行估值，这也是鉴于目前商誉现状的一种无奈的选择。

CPA对商誉在经营状态中的变化认定，至少要采取以下措施：获取管理层对商誉的认定，包括但不限于对商誉减值或不减值的理由；这种理由必须是在对行业的详细分析之后，作出未来可能出现变化的判断，公司采取相关应对措施并有效执行；公司分析不能完成预期收益的理由，即受哪些因素影响，哪些因素是不可抗力，或者是正常的经营不善等。如CPA认为某个因素非常重要，应提醒独立董事及相关监事对比作出承诺与保证。

同时，CPA不应以简单的数字模型计算为唯一依据，而应聘任相关的行业专家、评估与咨询机构对商誉是否减值作出宏观和微观分析。

第五,CPA要从对商誉的减值结果可能会影响审计成败的高度来认识。CPA应该清醒地认识到,CPA是会计报表意见的发布者和责任承担者。

需要指出的是,不论基于任何原因,CPA都不应该象征性地提一点减值,似乎这样做对市场和监管层有一个交代;或者几年后对商誉作一次大幅度的减值,认为是为公司减轻了负担。事实上,CPA对商誉减值具有相应的审计责任,CPA应聘任独立的行业专家和相关人员来共同分析该行业未来可能发生的各种情况及对商誉影响的各种要素。在此基础上,CPA作出预判,明确表示减值与不减值的理由,并且视公司管理层的态度在审计报告的恰当位置予以详细地披露。应特别提示,在何种情况下,CPA将要采取何种方法予以减值,让广大投资者清楚地看到和预判未来可能变化的情形。

总之,商誉认定和减值有一个逐步规范的过程,市场经济法制的完善依然任重而道远。CPA在这个过程中要尽量减少犯错,更不要成为制度和规则运行中的牺牲品。

动机、表象、行为的简单分析

表象背后是动机，识别表象，是为了找到动机。

楚楚动人的表象可能掩盖着恶的动机。

识别动机与表象之间的具体关联，没有现成的模板，但其内在关联，不容切割。

动机，简单地理解，就是人们为达到某一目标的心理倾向和内部动力。动机具有三方面的功能：一是激发功能，促使个体产生某种行为；二是指向功能，让行为有一定的目标；三是维持和调节功能，使行为维持一定的时间，并调节强度和方向。

显然，动机是行为的出发点。

这里的表象，并非纯粹心理学意义上的表象，而是特指动机产生行为以后，呈现给他人的行为。

所有的表象背后都有动机，所以，识别表象，就是为了找到动机；反之，了解了动机，也能解释表象存在的意义。

CPA 的职责，是透过财务信息的表象，发现背后经营状况的本质，透过某些交易行为，发现隐藏的动机。如果这个动机是恶的，那就坚决不要放过。

每个 IPO 公司或重组上市公司都有不同的动机，了解他们的动机,可以使我们更好地了解他们行为的逻辑,由此掌握如何控制审计风险,并采用有针对性的审计方法。

在我国,公司的投资主体属性很多,有国有、民营、混合所有制等,但不管哪一种属性的公司,其融资的目的至少有以下六个方面。

1. 升级迭代的需要

这类公司的主营业务具有比较好的发展前景,为了满足市场需求,扩大生产能力。因此,其希望通过上市吸引社会资本进入,同时能够借助上市规范企业的经营行为,实现跨越式发展。

这类公司上市的动机相对来说单纯直接,对市场的作用是良性的。由于本身的发展前景明朗,无论其投资方属于什么性质,对 CPA而言,审计的风险比较小。

2. 国有企业拓展战略发展的需要

这方面最典型的就是原来的军工企业。

2016 年 3 月颁布的《中华人民共和国国民经济和社会发展第十三个五年规划纲要》明确提出,深入实施国家创新驱动发展战略、军民融合发展战略。毫无疑问,随着我国军民融合发展战略的深入实施,军工市场逐步开放,军工企业集团按照国家的战略部署,混合所有制改革持续推进,上市的进程必然稳步进行。这类企业的发展符合国家战略,操作规范,不容犯错,因此,审计的重点应该是追求规范前提下的时效性。同样,这类企业审计风险也较小。

3. 地方政府谋求综合发展的需要

多年来,各地方政府以相应的政策,包括补助、奖励等措施,积极鼓励本地公司上市,甚至有当地政府出面游说的现象。

鼓励当地企业上市的原因,从政府层面来讲,一是上市公司的增加体现了地方经济实力的增强;二是通过企业的上市融资,可吸引资本进入本地区,进一步推进地区经济发展;三是有利于提升当地企业和品牌的知名度,提升本地区的美誉度,当然,也是提高当地政绩的需要。

相比较而言,这类公司的上市动机总体是良好的。但不同地区和不同企业的情况不一样,审计风险大小,要视企业实际情况来定。

4. 维持经营的需要

有些公司早期经营状况良好,但随着竞争的加剧,在可预见的年度内会遇到资金的紧缺。于是,其希望凭借以前经营良好的业绩,获得上市融资的机会。

这类企业的风险隐蔽性比较强,动机决定表象,在它们谋求上市的过程中,常常会有隐瞒行为。CPA 需要深入了解该企业所处行业的发展状态,对其所处行业的地位进行充分的评估,给予合理的评价。

5. 摆脱困境的需要

在谋求上市的公司中,有部分企业本身就面临一定的困难,希望通过上市来摆脱困境。这种困难有经营不善的原因,也可能是因为经营尚可、能够维持但没有达到预期发展目标。比如早期融资的时候，公司与投资方有对赌协议，因此，在条件还不充分的时候，其积极谋求上市，以期摆脱对赌协议形成的股权再分配的压力。

显然，CPA对这类公司的审计需要保持审慎的态度。

6. 多轮融资以重塑企业的需要

有相当一部分公司是一边能够获得A轮、B轮、C轮甚至D轮的融资；一边不见企业赢利点的出现，只能陷于无止境的圈钱循环，希望通过上市圈钱。这类企业一旦上市不成，融资钟摆停顿，企业运营便会出现空转，甚至出现CEO"跑路"的现象。

CPA对于这类公司的审计不能有丝毫的懈怠，应严格按照《审计准则》要求，梳理表象背后的动机，对企业存在的问题，通过审计报告予以揭示。

公司上市，对其动机的中性描述是"融资"，而贬义的描述是"圈钱"。上述几种类型的上市公司，前三种情况的动机是融资，未来的经营活动中风险相对较小；后三种情况则风险较大，有些公司的上市动机就是"圈钱"。这已被近十年证券市场的无数实例所证明。许多公司上市前就开始谋划舞弊造假，整个上市的过程就是一个造假的过程。这类上市公司败坏了证券市场的名声，也给投资者带来巨大损失。

回顾历年来遇到的一些舞弊行为，那些动机不良的公司在谋求上市的过程中通常会使用一些造假手法，以形成经营状况良好的表象，从而达到欺骗社会公众的目的。这种手法从本质上说是其动机决定了行为，因此，CPA应该了解和关注这些伎俩，并通过自己的职业能

力,揭示披露企业造假行为,正本清源,还投资者一个公道。常见的造假手法如下:

(1)注水法。这是一种最常用的手法。一方面是在资产评估上注入水分,造成资产雄厚的假象;另一方面是在公司的经营收入和利润中注入水分,如把预收款列入已经交易完成的收入,隐匿应付款,提高产品的单价,以提高营收等,造成公司收入和利润"稳定增长"的假象。

(2)嫁接法。通过一系列的复杂交易,将关联和无关联的公司资产通过股权变化,进行利益输送,短期内增加上市公司的收入和利润,达到上市的目的以后,再行分配收益。

(3)倒手法。利用关联公司之间的虚拟交易,或者是上下游产业链的关系,互相倒手,完成虚拟交易,增加交易量和营收。

(4)变脸法。这种手法也可以称为"画饼法",堪比川剧的变脸。公司声称获得了一项新技术,开发了新产品,因此,公司的主营业务已经从传统产业升级为"高科技"产业,公司也从传统行业变脸为高科技行业。然后公司展开公关,获取一定的"证书",让相关机构为其"背书",给投资者画上一个巨大无比的发展之"饼",忽悠投资者。

(5)障眼法。如果前面的做法是直接做账,那么这个手法是间接地设置障碍,将简单的业务复杂化,让审计人员走入"迷宫",转移审计人员的视线,掩盖其作假舞弊的行为。

如何识别上市公司造假,CPA没有现成的模板。但CPA可以从被审计企业的上市动机出发,结合一般商业逻辑,了解财务信息,观察企业的运营行为是否正常,有没有造假行为。只要紧扣动机与表象之间存在逻辑关系这根弦,并以日臻成熟的《审计准则》为指导,CPA就可以找到规避风险、避免审计失败的路径。

细节决定成败

细节往往被忽视，

小细节有大讲究。

细节是造假者的魔鬼，

直觉有时很重要。

细节决定成败，这是一段时间非常火的一个管理命题。几乎每一位当代管理大师对细节决定成败的命题都推崇备至。在不少现代管理的专著中都有对此的论述。中国的先贤，对此已有先见之明，《道德经》言："天下难事，必作于易；天下大事，必作于细。"所以，我们想做事，想做好事，一定不能忽视细小的事情。

对于细节的重要性，我一直认为，当一个可怕的结果出现以后，我们以结果倒推原先的过程，最终一定能够找到导致结果错误的那个细小的环节。

在现实生活中，细节决定成败的案例可以找到很多。以制造业为例，一架客机有数万个零件、复杂的软件反馈控制系统。任何一个零件、系统的差错，都有可能酿出大祸。总体检验时不可能去检测每个零件，于是，就把检验复核分解成若干系统。每个系统各自完成自己系统内的细节检测，保证送到总装的子系统没有任何问题。这是一种全面质量控制的工作流程和管理方法。

CPA 审计工作的成败同样与关注细节相关。与一般行业不同，CPA 行业不是用机器完成一个工业产品。生产工业产品事先可以在程序上对每道工序设立一定的检测体系，确保每一个细节都不出问题。即使有失误，也能及时得到纠正。审计人员面对的是一个他人所完成的完整的财务数据系统。审计人员事前是无法对这个系统的生成过程进行检验测量和控制的。审计人员需要在有限的时间内，从庞杂的数据中发现哪些会计信息是不真实的，然后循着蛛丝马迹找到差错，这是有相当难度的，但这是审计人员的工作，注重每一个微小的细节，并非是一项不能完成的任务。

因为任何一笔交易只要发生，一定会在其账上有所反映，任何一个违规行为，都会在某个细节中露出一些痕迹。以下几个案例，可以说明一些看上去貌似小细节的现象，背后常常隐藏着大文章。

案例一　两个账户的故事

CPA 接受委托，对一家将被收购的小规模中药制药厂进行审计。审计发现，中药厂除了税收专户及社保专户，还有两个主要的银行账户。其中一个账户只用于收付货款，绝大多数的主营收入的货款和主要材料采购付款都通过该账户结算，账面上有不小的余额。另一个账户用于发放工资、支付营运费用，也有零星的销售收款和采购付款，由于主要用于开支，资金的结存量不大，账户的资金来源则是股东的借款。

这样的账户使用情况引起了 CPA 的疑虑，既然主要的收款账户有足够的资金来源，公司的日常开支为什么不直接在该账户内支付？而且这个另立账户的资金来源主要是股东的借款。股东也不嫌麻烦吗？

CPA按照审计程序向银行函证，得到了银行肯定的回函。CPA还是不放心，亲自到银行获取对账单。程序完备，按理可以放心了。但这个有悖常理的操作一直在审计人员的脑海里挥之不去。在以后的审计过程中，当审计原材料部分账目的时候，审计人员根据公司产品的说明书中记载的中药原料种类及含量，核对公司实际的采购情况，发现两者显著不匹配。由此，CPA一路追根求源，一个牵连甚广、性质恶劣的造假行为被揭开。中药厂用于销售收入和原材料采购支付的主要账户根本不存在，在财务报表上的绝大部分销售和生产业务都是伪造的。

让CPA摇头叹息的是，这家公司造假的能力也太"神"了。银行居然会向审计人员提供并不存在的账户的函证回函和对账单。

本案中，CPA从不起眼的两个银行账户这一细节开始怀疑，到发现主账户有钱，另外一个账户却由股东垫钱这一违背常理的细节，由此加重怀疑。一般来讲，银行函证有了回函，这一审计环节就结束了，银行一般不敢为一个子虚乌有的账户"背书"。CPA始终保持警觉，采取"超常规"行动，亲自去银行对账，可见其疑虑之深，最后终于抓住了狐狸的尾巴。造假的环节如此完美，但假的总归是假的，最终被CPA发现了一个小细节，至此，造假的事实被揭露。

案例二　铭牌也会"说话"

某项目年度审计，CPA委派新入职审计员盘点当年新增的固定资产。审计员在盘点时发现某台关键设备不应该是当年新增的。其理由是这台设备的铭牌标示出厂日期是几年前,怎么可能是当年新增的呢?

一台设备的新增与否,为什么要造假? 这个细节引起主审会计师的警觉,他回忆起该公司在以前年度曾经出售过一批固定资产,而不是一台设备。经仔细核查,会计师发现该公司在以前年度的固定资产出售交易是虚假的。而在审计当年,重新购买这些新设备,同样也是虚假的。实际上,这些设备从未离开该工厂。出售和重新购置的银行往来资金,是大股东通过第三方进行周转的。出售旧设备是一个价格,重新购置新设备又是一个价格,大股东在玩资金"腾挪"游戏。

事后,CPA询问审计员,怎么会想到检查设备铭牌。审计员略带腼腆地回答:我也不懂设备,就在盘点时想,怎么证明我看到的东西就是财务账上的东西呢? 我就绕着机器转,反复观察,终于发现机器上都有类似服装商标及洗涤说明之类的东西。上网查到这叫铭牌,有点像身份证一样,名称、型号、生产日期等都清清楚楚。逐一对照,就发现了不对劲。CPA听后感慨:"你天生就是当审计的料啊!"

一个铭牌,同样的细节,审计人员抓住了这个细节,并揭开了一个重要秘密。

案例三　"仗义"的重大客户

说到这个案例,不能不说下"开挂"这个词。"开挂"原来是一个电子游戏的专用词。游戏里开挂的人和物,能力超强悍,呼风唤雨。

有次审计,CPA就遇到了这样一个"开挂"的公司。这家公司生产大型机械设备,最近几年就好像"开挂"一般,成功开拓了一大批"大客户"。成立数十年的公司,其中排名前十的大客户,都是近两年开发的,而且都是从第一单合同,就成为重大客户。

更为超乎寻常的是,通常来说,重大客户都是公司需要"捧"着的财神爷,公司一定是放低身段,做好一系列的服务工作。而这家公司的大客户则好像是要迎合供货方,产品是客户自提。付款的信用期远远小于一般客户,毛利率高于一般客户。相比一般客户较多地通过银行承兑汇票结算而言,重大客户均在信用期内以银行存款回款。一句话,货物自提、付现款、信用期短、价格还高。这些重大客户"仗义"得有些反常。

负责审计的 CPA 执行常规审计程序,函证、访谈都没有发现问题。

"事出反常必有妖"。突破口在哪里? CPA 根据合同条件是自提这一项,展开细节的征询。故事可以编,无数的小细节却来不及交代清楚。当访谈到公司的库管员、门卫的时候,每一个细节问题都让这些没有利益关系的员工流汗。比如,客户用什么运输工具进行自提?自提时是直接到仓库提,还是到厂门口提;公司怎么把设备搬运到客户的运输工具上去?外勤审计期间怎么没有看到重大客户来提货?这些问题,库管员和门卫要么无法回答,要么前后矛盾。最后公司不得不承认,与重大客户的业务往来是虚构的。

该案例说明一个道理,负责审计的 CPA 面对疑点的时候,千万要注意,最有效的办法是在判断准确的前提下,从大处思考,细节处入手,循序渐进,抽丝剥茧,达到"解剖麻雀"的效果。

案例四　5 元钱引出的假账

审计中有一笔半年前的银行未达账：公司已支付，而银行未入账的手续费支出，人民币总额 5 元。金额如此微小，几乎可以忽略不计。然而，就是这 5 元的手续费，暴露了一个假账的真面目。

公司已经获得银行扣除 5 元手续费的单据，但是，在公司的银行对账单上并没有扣除这 5 元钱。CPA 检查该笔记账凭证，发现后附银行扣款单据所记载的银行账户从未在历年的公司报表中体现。由此查明，这是一个账外的银行账户。以此线索深挖下去，揭示出公司设立账外账，通过体外贷款进行资金周转，大肆虚构主营业务收入的情况。

该笔未达账是因为财务人员日常工作过程中，误将账外账户的手续费支出记入了账内。

细节是魔鬼啊！也许就是只有 5 元，做账的财务人员不经意把这单账目搞错，如果是十万百万，相信他（她）会谨慎很多。公司财务人员的一个细节疏忽，暴露出大漏洞。不过，我以为，也不能怪那位"出错"的财务人员，因为造假，不太可能把所有细节都注意到，漏洞总会出现，只是出错时间和出错的环节不同而已。

案例五　不同客户喜欢聚集在一地，在同一银行汇款

在对一家客户审计时，CPA 完成了函证等程序，常规审计的证据已经能够解释财务报表记录的大部分问题。但是，CPA 潜意识中就是感觉不踏实：该公司的客户散布在全国各地，但偏偏有几个重要客

户,跑到同一个地区,在同一家银行开立账户,向客户公司汇款,是什么原因让这些客户不约而同地找到同一地点的同一家银行呢?

CPA果断扩大审计范围,对这几家重要客户展开调查,果然发现问题。原来,这几家客户是控股股东借用他人名义设立的,目的就是专门为被审计的这家公司粉饰财务报表输送证据,让那些虚无的销售看起来货真价实。这些公司注册地不一样,但实际控制操作的就是控股股东本人,为了操控方便,就在控股股东主要经营地开设银行账户。这些公司从销售合同、产品出库接收,到最后的开票汇款、银行收付,都做得天衣无缝。造假者总会顾此失彼,顾了头顾不了脚。他们忘了一点,在银行账户的开设上,只顾自己方便,忘记了狡兔三窟的古训,在一个地方扎堆,露了马脚。

案例六 内控为什么少了一项内容

一家提供运输服务的客户公司,在销售和收款的内部控制流程中,从业务部门收到客户对账单开始,通知财务人员开具发票给客户,然后收取款项。整个销售收入确认和应收账款收款的财务流程执行得很到位。表面看,它的内控做得很好。审计人员通过函证、检查回款等验证程序时也没有发现问题。

CPA在了解客户业务过程中,发现内控程序中的第一步——"如何确认客户对账单的准确性"这一环节,客户公司却表述得很含糊。经过仔细核实,公司无法提供具体的控制方法和控制过程。这可是内控程序中非常关键的一步。

一般来说,只有公司日常完整记录了应该确认的收入,才能和客户进行对账;而要完整记录应该确认的收入,就需要经过接单、核价、派车、确认客户收货、司机报酬计算等环节。这些环节因为不在财务系统里进行凭证记录,常常被审计人员忽略,但这些细节事项恰恰是业务真实性的有力证明。

客户公司为什么无法提供这些业务的执行痕迹,内控制度对这个内容又没有明确规定,其中一定有问题。后经查证,公司虚构了重大的运输服务收入。

这个案例说明,因为这些内容不在财务系统里进行凭证记录,客户公司想当然以为审计人员不会涉及,但恰恰因为内审环节的模糊处理,被 CPA 发现。这里必须认真提醒一下,只有真实的业务,才有真实的业务执行细节,多了或者少了流程细节,背后都有可能隐藏大问题。

细节问题,有时并不是一下子就能发现的。本能、直觉、第六感觉和潜意识等,都有可能提醒注册会计师。这种不自觉的提醒,是一种长久积累才会有的本能反应。优秀的 CPA 要知道细节的分量,督促自己关注细节,成为从细节中发现问题的高手。

如何应对举报

举报是《宪法》和法律赋予公民的一项民事权利。公民举报必须实事求是。

内鬼一定是身边的人。

利益驱使内鬼搅局和恶意举报。

对付恶意举报,唯一办法是公开透明,把审计做成阳光下的工作。

君子坦荡荡。坦荡不怕恶意举报,更不怕任何鬼。

苏州一家企业在IPO审核过程中,有关部门收到一封"举报信",举报该企业存在舞弊行为。从信中透露出的相当多的许多内容来看,举报人应该来自内部或是知悉内部信息的人。有意思的是写信人一边举报,一边还想通过举报信,讹诈拟上市公司董事长。讹诈案件很快被当地公安机关侦破。举报人居然是之前审计该公司的一位审计项目经理。

类似的现象并不鲜见,这属于恶意举报的范畴。从举报内容看,举报有不同的情形,一是举报的主要内容是真实的,如果有关部门不给予恰当处理,会造成一定的社会影响;二是反映的内容基本属实,但有夸大的成分;三是有的举报者是出于正义感;四是有的举报者为了谋求自己的私利,甚至谋求"封口费"敲诈勒索。凡动机是为了谋取不正当利益,捏造事实,报复他人,达到搅局或其他不可告人的目的,就是恶意举报。

1. 恶意举报从何而来

从以往发生的案例看,恶意举报者主要来自以下人员或组织。

（1）公司内部成员

公司内部成员包括公司股东、高管和普通员工。一般而言,触发公司员工举报的动机,主要是利益分配上的不满。比如,公司 IPO 过程中,对股份的分配在内部没有达成真正的一致;还有一种状况是员工受到公司的处分,或者被解雇,十分不满,愤而举报。

（2）经销商或客户

一般而言,经销商与供应商的利益是一致的,但现实中,始终有经销商与供应商之间的利益博弈,存在掌握渠道的强势经销商主导供应商的经营策略的案例,也有强势的供应商以价格和数量优势控制经销商的现象。双方的博弈突破合作的临界点,就有可能在某个关键时刻举报对方,阻止破坏对方上市、并购等重大经济活动的开展。2018 年 11 月 19 日,证监会发布消息称陕西西凤酒股份有限公司已申请撤回申报材料。作为与茅台、汾酒、泸州老窖比肩共称为首批"中国四大名酒"之一的西凤酒,本次申报 IPO 信心满满,为什么突然就撤回申报呢? 事件发端于经销商的举报,有关部门由此检测到,其某款高端白酒含有塑化剂。尽管公司解释,这是基酒在转运过程中装酒的容器含有塑料成分所致,但负面传闻引起市场热议。西凤酒自 2010 年启动上市进程,10 年时间有 4 次与上市"失之交臂"。

（3）家庭成员或近亲

近年来，夫妻反目，近亲股东之间的举报案例时有发生，有的情节还十分"狗血"，不亚于电视上的"宫斗剧"。比如餐饮业的"真功夫"，在准备上市的过程中，前妻、小三、妻舅爆发内讧，盈利大幅缩水，上市进程受阻。有时创始人还身陷囹圄。在纽交所上市的当当网，也是因为夫妻反目，2020年爆发了创始人抢夺公章的"庆渝案"。这些案例大大超出一般举报的范围，直接向社会公开，每一步进展犹如"直播"。难怪一些成熟的风投公司会对准备投资的公司股东，特别是创始人和大股东进行尽职调查，并延伸到他们的家人。

（4）中介机构、会计师、律师等

拟上市或已上市的公司，在开展重大经营活动时都有中介机构参与。前面提及的苏州那家企业被举报就是因为审计项目经理实施了敲诈行为。2019年，上海某家证券资产管理公司也发生过同样的事件。该公司一名员工跳槽，举报由公司服务的拟上市企业。

举报者若是公司内部员工，大都是受利益驱使，这些利益也许是正当的，也有可能是不正当的，有的可能是自己认为受到了不公正待遇的报复行为；家庭内部人员的举报者除了利益因素，还可能牵涉情感等复杂因素；而中介机构的搅局者既有利益因素的原因，也有逃避责任的想法。

其实，举报者并不是一开始就是故意来搅局的，而是潜移默化、逐步发展而成的。在没有这些行为动机的时候，员工可能还是不错的员工，家庭成员也曾互相关心扶持，中介机构的人员也尽责勤勉。而一旦出现某种状况，在某个特定的时间内，某些人就可能转化为举报者。

有的恶意举报者之所以能够搅局,就是因为其掌握公司的相关信息。所以,能影响大局的恶意举报者往往是公司重大经济活动的参与者。

2. 如何避免恶意举报者的伤害

一般情况下,受恶意举报伤害最严重的是客户公司。作为提供中介服务的 CPA,如何防止恶意举报的伤害,化解审计项目的重大风险? CPA 应把握以下几点。

（1）阳光审计

恶意举报案例的不断出现,从另一个侧面提醒我们,做项目一定要规范,不惧怕把过程公开在阳光下。

有人敢于举报,是因为其掌握了公司不愿意公开的信息。现实社会中,有的上市公司为了自身利益需要,隐瞒部分信息,甚至故意造假的事例屡见不鲜。作为审计的 CPA,绝对不能迎合客户公司的不合理要求,隐藏某些重要信息。在这方面,应严格依据《审计准则》的要求,做好公开审计过程的准备。阳光操作,审计公开公正透明,程序合规,恶意举报就无法作祟,换句话说,即使有些人想搅局,但在了解整个情况和过程以后,也会打消恶意举报的念头。

审计的过程和结论在审计结束后应该公开,既是为注册会计师规避风险,也是对客户公司负责。人过留名,雁过留声,身正不怕影子斜。只要依法依规审计,就不怕举报。反之,如果造假舞弊,最终是要暴露的。因此,CPA 要引导客户公司的相关人员接受阳光下的审计,遵纪守法,这是最最重要的。

(2) 各方责任要分清

CPA 要清楚自己的职能。我曾写过一篇文章,专门讲 CPA 要"摆正位置",不能越俎代庖,更不能超越底线、不讲原则。

CPA 要向客户公司交代清楚,审计的目的是什么?需要承担的责任有哪些?换句话说,就是要分清责任。审计过程中,CPA 只是发现问题,如何解决,是公司的责任。当然,审计人员可以提建议,但仅仅是建议,而且要记录在案。企业在解决了这些问题以后,CPA 根据解决的方法和过程,判断是否恰当。实际工作中,有审计人员自认为和客户公司关系好,为公司出谋划策,结果在出现问题以后,客户公司解释说:"这是中介机构提出来的。"到那个时候,审计人员就很被动。

(3) 重大问题要交代清楚

有不少企业或多或少都存在一定的问题,特别是在 IPO 过程中,美化、粉饰经营状况是常态。许多企业也都是从不规范走向规范,而要成为上市公司,这个 IPO 的过程就是要按照上市公司的规范来做,审计的过程也是促使企业规范化的过程。

因此,无论是在 IPO 的过程中还是在对上市公司的年报审计中,CPA 对问题性质的判断非常重要,这个问题是否重大?影响程度有多大?需要审慎决断。要搞清楚哪些不是影响审计结果的问题,哪些是影响审计结论的重大问题。如果是重大问题,一旦发现,必须尽早与客户公司沟通。如果双方对此有分歧,只能采取延期申报的策略。特别需要指出的是,在重大问题上,客户公司越不愿意按照规范的要求寻找解决办法,其中隐藏的风险可能就越大。CPA 在此时必须保持清醒的头脑。只有在重大问题上真正解决了分歧,达到真正的一致,才能完整而清晰地解决和解释问题。同时,每次讨论应该有明确的结论,并记录在案。记录的所有内容应该准确反映每个人的意见,确认无误后签字。重大问题能够交代清楚,搅局者就无从下手。

（4）审计过程需要控制在一定范围内

审计应该是阳光下的审计,是指审计工作结束,形成审计报告以后,对整个过程和结论可以公开暴露在阳光下,而不是"直播"审计过程的每一个环节。对公司的一些经营活动,只要不是法律要求必须公开,一般情况下没有人可以要求公开。有些活动牵涉商业机密、营销计划和竞争需要,完全公开是不可能的,也是不必要的。

因此,在审计过程中,具体问题的讨论范围不宜过大,如果需要录音,应该指定专门人员负责,不要随意录音,人人录音。审计参与者的范围控制,是因为不同地位的参与者可能存在分歧,在没有达成一致的情况下,这种分歧传播开,一是在传播过程中被加入传播者个人的想法,事情的真实性被曲解;二是容易形成外部人员的站队现象,影响部分人员的理性思考。

此外,重大问题不建议通过微信或者邮件方式发表讨论意见,特别是不建议在微信群里讨论。这个建议是为了保护发表意见的人。因为有分歧,所以讨论、发表的意见未必是成熟和正确的,电子邮件、微信里讨论重大问题,如果有人事后因为其他原因对公司、机构,或者个人产生不满,把那些不成熟、不正确的讨论意见公之于众,会对公司、机构,或者个人会造成麻烦,影响社会各界对公司的评价,也会让人对 CPA 的职业道德产生怀疑。

同理,审计团队内部畅所欲言的讨论也不宜公开。重大事项的讨论最好局限在签字 CPA、项目经理、项目合伙人范围内。对重大问题的判断基于准则形成,并且形成共识。如果审计人员提出疑义,一定要沟通充分,将风险点逐一解释清楚。审计团队讨论问题,同样不能回避分歧。回避问题,会让人揣测其中是否存在"内幕",造成团队人员之间的不信任和猜疑。

在审计团队中出现搅局者的案例都有一个共性,那就是在重大问题上,签字 CPA、项目经理、项目合伙人对某些问题的判断和解决方案有不同意见。出于不同原因,他们在讨论时口头达成一致,其实有些人内心不同意。一旦外部环境发生变化,昔日的利益共同方,很可能转化为内鬼。

总之,内鬼现象的频繁出现,一方面,给各方人员造成一定的压力,尤其是被内鬼举报的对象,对内鬼恨不得"食其肉寝其皮";另一方面,也反映了目前一些公司、中介机构和人员确实存在不少问题。因此,"打铁必须自身硬",审计团队在目前的环境下,必须规范审计、科学管理、严格管控风险,方能站稳脚跟,不惧内鬼的攻击。

沟通有效，事半功倍

CPA 追求的是有效的沟通。

沟通目标和观点表达要明确。

不同对象应该有不同的沟通方法。

精心选择沟通时机和场所。

CPA 与客户公司的沟通是常态。沟通，既是与客户的相处之道，也是履行审计程序的重要组成部分，更是提高审计效率的重要手段。

当今社会，律师、CPA、牙医等专业人士，还有记者、公关人员、销售人员等，总是要和不同的对象交流沟通。这些对象来自不同的区域，有不同的教育背景、不同的性格。应达到与对象的有效沟通，注意沟通的结果一定是有效的。这不是根据个人的喜好可以选择的，入了这一行，就必须认识这一点，这是工作的一部分。因此，CPA 在交流沟通的过程中，追求的应该是沟通的有效性。如果谈话交流了 100 次，还是达不到"通"的目的，那就是无效的沟通。一个成熟的 CPA 会珍惜每一次沟通交流的机会，达到有效沟通的目的。

那么，如何能够在一定的时间内达到有效的沟通？结合 CPA 的工作特性，我谈一些体会。

1. 目标要清晰，态度要真诚

CPA 提供的是有偿服务，有两个职能：一是对客户公司的财务活动进行梳理，查找出不符合法规的经济活动，给客户公司一个纠正的机会；另一个职能是为公众提供该公司符合法规、真实的财务报表，让公众了解该公司真实的经营状况。因此，CPA 的工作是以自己的专业为基础，为客户和社会提供符合会计准则的审计报告。这是 CPA 与任何客户沟通时必须明确的目标。

在整个审计过程中，我们会与企业的实际控制人、高管、财务人员和普通员工交流沟通，态度真诚是获得交流对象信任的重要条件。不信任，就不可能获得真实的信息。

CPA 应以真诚的态度对待每一位交流沟通的对象，千万不能让交流沟通的对象以为你是在"捣糨糊"；既不要高高在上、态度傲慢，也不要为了拿下某个订单而低声下气、放弃原则。要知道，CPA 交流沟通的对象都是精明睿智之人，你是不是真诚，是不是值得信任，对方在第一时间就能够看得出来。

2. 观点表达要真实明确

CPA 在沟通过程中，必须有一条清晰的逻辑线，那就是对原则问题不回避、不隐瞒、不绕圈子，真实明确地向客户表达出来。

含糊其辞，怕得罪人，是底气不足的表现。在原则问题上的底气不足，是无法赢得客户尊重的，甚至给客户造成这个人不敢承担责任的印象。对于这样的人，即使你的观点正确、措施得当，客户也会疑惑。

在具体工作中,CPA 在履行审计程序、得出准确的结论后,要明明白白地告诉客户,特别是其中的"红线""黄线",一定要交代清楚,对交易事项所产生的各种后果不能隐瞒,特别是对最坏的结果一定要大胆明确提示,不能躲躲闪闪。

需要提醒的是,沟通有时可能会发展成争论。争论不是一件坏事,争论说明客户对此项审计业务的重视。美籍黎巴嫩阿拉伯作家纪·哈·纪伯伦有一句话:一场争论可能是两个心灵之间的捷径。通过矛盾的冲突、沟通、协调、面对和接受的过程,双方达到真正的相互理解。有时越是尖锐的冲突,一旦达成一致意见以后,越会带给双方更深的触动和感受。

真实明确地表达观点,不仅在沟通过程中非常必要,也是 CPA 最后决策时必须遵循的理念。在实际工作中,当我们了解到公司的基本情况以及主要风险点后,应向客户反馈,若反馈后双方不能达成一致,不能消除风险,应该尽早向客户明确表示拒绝承接该项审计业务。在利益与风险两者之间犹豫徘徊,暴露的是对自己判断的不自信,是不可取的。

观点表达真实明确,也适用于在其他场合的沟通,包括与政府监管部门沟通,只有坦诚客观真实,才能得到各方的支持与理解。

3. 不同对象应采用不同的沟通方式

沟通能不能有效,还需要一定的技巧,不同的对象需要采用不同的沟通方式。采用不同的沟通方式并不是有不同的沟通目的,而是为了沟通的方便。沟通技巧要因人而异。例如，应用对方最熟悉的语言，在最短时间内达到最佳沟通效果。

与财务总监、财务经理，或者具体的财务人员的沟通，因双方都是专业人员，可以从专业角度出发，用专业的语言交流，就事论事是最合适、最有效的交流沟通方式。在具体问题的处理上要用审计准则和制度去解读，要从合规性和合理性上去判断，要合理采用审计程序和收集审计证据等。在某些问题上如果能够达成共识，那是最好的结果，若不能达成一致，CPA 应注意分歧点源自何方，是源自财务人员的意见，还是其上级高管甚至是实际控制人的观点。如果是上级高管的意见，那么应该找上级高管沟通。这时候，始终不能忘记保持底线思维，千万不能因为都是专业人士而说一些不该说的话。

在与实际控制人或公司高层管理人员沟通的时候，如果他们不是财务专业出身，沟通方式最好简单明了。应将专业问题用对方能够理解的语言交流。应以结果导向来陈述。将审计的过程和结果，特别是可能产生的后续影响清晰地告诉对方，做到开诚布公、直面问题、证据完整。在这方面，千万不要低估对方的理解和反应能力。你的态度彰显了你的自信。采用这样的方式沟通，其目的是在最短的时间内让你的观点得到对方的理解和认同，避免误解。

如果双方在重大问题上存在比较大的分歧，这种分歧有可能影响审计项目的完成，对这些重大问题的处理以及关键节点的把握，不仅关系到客户风险点的排除，也关系到会计师事务所对该客户能否继续保持服务。在这个时间点上，审计团队或者会计师事务所可以选派有一定资历、经验丰富，而且沟通能力比较强的 CPA 出面沟通。这样做不是对原来团队的不信任，而是向对方传递一个信息："这个问题很重要";同时,也是尊重对方的重要意思表示。德国哲学家黑格尔有句名言:同一句格言,出自饱经风霜的老年人之口与出自缺乏阅历的青少年之口,其内涵是不同的。

4. 选择最佳的沟通场合

有效的沟通还需要注意一些细节,根据工作的不同阶段、不同内容、不同对象,选择最佳的沟通场合也是非常重要的一环。

大家知道,环境会影响心情。在实际工作中,CPA 有时会选择轻松的环境与对象交流沟通,如在咖啡馆或者幽静的茶室,从彼此感兴趣的话题聊起。轻松的环境、轻松的话题,在心理上、情感上拉近双方的距离,交流对象在情感上认同 CPA 的工作,进而产生对审计工作的理解,然后逐步进入交流的主题,将尖锐的问题慢慢展开,在友好的气氛下对重要问题进行分析,以达到事半功倍的效果。

而有些事项的沟通则必须在正式场合进行,特别是最后要做出决策的沟通,一般会选择在会议厅,安排正式的会谈记录者,必要时做好录音,甚至录像。沟通完毕,根据审计程序,双方在谈话记录上签字。这是审计证据的重要组成部分,也是 CPA 沟通工作中常见的一种方式。

沟通的场合是多样化的,甚至一起吃盒饭的时候也未尝不可。遇到重大分歧的时候,选择正式的场合比较合适。总之,需要项目经理、合伙人根据实际情况,从有效沟通的目的出发,合理选择。

5. 注意选择沟通的恰当时机

我们知道,沟通贯穿于审计工作的始终。因此,在恰当的时间,去沟通恰当的问题就显得格外重要。一般来说,初步沟通时,CPA将初步想法和预知未来的结果告诉客户,让他们有足够心理准备和时间去消化、规范和调整,留出更多时间和空间来排除风险,将原来不够规范的会计处理调整到正确的轨道上来,从而使下一步的沟通有确切的内容。

实际工作中,有两种情况应引起我们注意:第一种情况是早期的沟通不完善,在审计过程中发现某个环节的问题也不及时交流反馈,或者说有沟通无结果。客户不知道在审计过程中需要如何配合,也不知道审计发现了哪些问题。本来一个个具体问题可以在过程中得到解决,但因为沟通不畅,甚至没有沟通,直到后续阶段,发现有一大串问题,缺乏适当的审计证据。客户也是无法接受这样的审计方式的。早期和过程中的沟通没有选对时机,往往会让双方产生误会,失去解决问题的最佳时机。第二种情况是CPA过早、过度地将审计过程的信息不恰当地传递给客户,这样的沟通会增加审计的难度,甚至导致审计失败。在什么时候、交流沟通什么样的信息,是需要经过项目组筛选的。不是一旦沟通,就将所有信息告诉客户,把审计中发现的所有疑点和盘托出。实际工作中,有审计人员一不留神把对某重大交易的疑点告诉客户,而客户公司正是在这项交易中有舞弊问题。这就给客户修补漏洞、补充伪造审计凭证创造了时间和空间。在某些时间点,可以对某一类的疑点进行询问;但有些疑点,则必须是在掌握一定证据的情况下才可以摊牌。

把握恰当的时机,沟通恰当的问题。好比厨师做菜掌握火候,什么时候下什么食材,什么时候放什么调料。这是CPA的基本功,也是修炼到什么程度的标记。

总之,沟通是审计工作的重要组成部分,提高沟通能力贯穿于CPA 职业生涯的始终。沟通具有不确定性,沟通也是一项技能,其通过以逻辑方式训练可以达到一定的层次,但高超的沟通更是一门艺术。

用庖丁解牛方式了解客户

公司的实际控制人决定了公司的战略发展方向。公司的演化有以往发展的印记。

团队决定了公司能够走多远。内控制度的执行则是公司治理的重要内容。

《华严经》有云：一花一世界，一叶一菩提。大意是：从一朵花里就可以看出整个世界，用一片叶子就能代表整棵菩提。做一个CPA，追求的是搞清楚被审客户的财务信息的来龙去脉和相互关系，特别是重大交易，看其财务处理是否符合会计准则的要求，搞清楚了，才能出具代表CPA职业判断的审计报告，才能满足社会公众对CPA公平公正的期盼。

那么，CPA如何来厘清一家公司的财务信息呢？除了审计专业技巧，CPA应该用庖丁解牛的方式了解自己的客户，通过对公司各方面的了解，剖析公司隐藏在表面下的一些实质性会计动机。庖丁之所以能够面对庞大牛身，在很短的时间内将牛大卸八块，肉骨分离，就是因为其对牛身体的解剖构造十分了解，加之刀功娴熟，自然就能得心应手。CPA要成为审计的庖丁，必须了解自己的客户。

1. 对公司实际控制人背景的了解

一家公司无论大小,都有实际控制人,公司的实际控制人决定了公司的战略发展方向。具体来说,实际控制人决定和影响了公司会采用什么样的方法和策略去实施发展宏图。比如,是激进的方式,还是稳健的措施;是守成维持为主、待机而动,还是谋求被收购、套现走人等。因此,了解实际控制人等于做一次尽职调查,是 CPA 必不可少的程序性工作。

对实际控制人的了解可以分为对实际控制人静态了解和动态了解两个方面。

从静态方面可以观察了解其出生地、教育背景、有无宗教信仰、兴趣爱好和性格等情况。受过优质教育的人与只接受过初级教育的人相比,在看待问题、处理问题时有很大的不同。即使同是受过高等教育的人,理工科毕业生和人文专业毕业生分析问题的角度也不一样;甚至学文学和学经济的人分析同一事物的角度也会不同。因此,应了解实际控制人的出生和文化背景,了解其性格特点,再了解其经营思路和行为偏好。

从动态方面,可以从个人创业经历、家庭婚姻状况等方面了解。为什么把家庭婚姻状况看作是动态的? 随着经济发展,时代进步,世界观、人生观和价值观随之发生变化,家庭婚姻从强稳定状态向弱稳定状态变化。普通的自然人发生这个变化,影响的主要是家庭结构和家庭成员。而作为一家公司的实际控制人,一旦夫妻离婚,往往会出现公司股权结构的改变,甚至会出现危机。当当网夫妻之间抢夺公章事件,就是很好的案例。还有多年前发生的某餐饮公司上市前,合伙创业的兄弟反目,以致发生上市危机等。

实际控制人的个人创业经历更为重要。从个人创业经历可以去推导公司演变发展的脉络和未来发展的趋势。政府官员下海创业和民营企业创业路径不同;大学教师下海创业和基金投资人创业路径不同;海归人员创业和国企管理者下海创业路径不同;饱经磨砺、几度沉浮的企业家和一帆风顺的企业家创业路径也不同。不同经历的人创办企业的宗旨、文化、动机和手段不完全一样,有时甚至有天壤之别,如此也决定了公司经营发展的风格。

了解公司实际控制人,并不是要知道实际控制人是不是有什么"前科",并由此断定公司是否存在问题。曾有一位创业者,他在第一次创业时,由于拥有较好的技术和市场资源,仅仅5年,其营业收入就突破5亿元,利润达到5 000万元。后来,他因为偷税漏税,企业被罚,最后破产,本人差点进监狱。第二次创业,有了第一次的惨痛教训,他奉公守法,凭借出色的能力东山再起,目前该企业已成为业内有一定影响力的上市公司。实际控制人的经历,对公司现有的发展有一定关系,但也不是绝对的因果关系。

2. 对公司实际控制人发展演化的了解

公司的实际控制人可以大致分为三类:第一类是创始人,就是公司的实际控制人;第二类是公司经过多次发展演化,目前的大股东成为实际控制人;第三类是大股东委派的代表是公司的实际控制人。因此,在了解实际控制人的情况以后,必须了解公司的演变过程。两者结合起来才能对公司的最高管理层有一个初步的了解。

公司创始人是公司的实际控制人,应该了解公司在其掌控之下的经营状态的发展变化,主营业务有没有变化? 是不是跨界经营了? 比如,一家服装制作公司,在服装制作发展到一定阶段以后,进入新能源行业,然后又进入基金投资领域。那么,公司各个领域的收益和利润状况、人员结构,以及对公司发展战略带来的变化,都是 CPA 需要了解的。

又如,国有企业委派的股东代表如果是经营了好多年,其战略目标的完成情况如何;如果是新近任命的,有没有新的任务指标,在最近的财务年度里有没有急功近利的可能。换言之,所有的职业经理人,在接手公司管理的最初阶段,会不会采取激进的经营策略,以解决前任留下的一些问题。此外,国有企业的决策者在上级公司中的地位,以及对公司的实际决策能力都需要有足够的了解。如此,才能在审计中寻找到最好的突破口。

3. 对管理层团队成员的了解和经营管理团队与实际控制人关系的了解

首先,了解经营管理团队和实际控制人之间的关系,是一个非常重要的信息要点。这在民营企业中特别重要。民营企业初创时期,家族朋友的关系盘根错节。夫妻、父子、兄弟、妻舅,同学、朋友等亲密关系,会深刻影响公司的经营活动,也会影响 CPA 审计的过程。

其次,了解团队成员的职业历程,特别是首席执行官(CEO)。应了解他们曾经服务过哪些企业,是国际知名企业还是国有企业或民营企业。他们以什么角色进入高级管理层,是技术专家,还是营销高手;

是财务专家,还是实际控制人的亲属。应了解这些成员以往的工作业绩和方法,特别是在一些重大项目的实施过程中,所采取的方法是不是合理合法。一般的管理者会有路径依赖,一种工作方法使用习惯了,会不自觉地沿用下来,因此,了解他们有无不良记录也就顺理成章了。

最后,了解团队成员的工作年限、报酬,主要人员是否在关联公司或者其他公司有职务和股份。有时候,薪酬是能够透露一定信息的,如一位高管,在 A 公司担任重要职务,却拿着不匹配的低薪酬,但在 B 公司却是一位实际控制人。管理团队成员担任多家公司的高管的情况,需要引起 CPA 的高度关注。

在审计重大交易项目时,CPA 还要了解公司实际控制人聘请的顾问公司。众多案例表明,在重组并购等重大交易过程中,收入注水、盈利虚增等舞弊行为,多半是顾问公司所为。一般的公司是没有这种造假能力的,了解这些顾问公司以往的历史及其惯用的手法,是 CPA 少走弯路的方法之一。

4. 对公司内控规范性的了解

内控制度的设立,本意是公司内部对执行部门的经营行为是否合法合规的检查控制。一个具有社会责任感的公司,内控就是希望公司本身能够自律。但是,有一部分企业耗费不菲的成本,聘请专业机构,建立完善的、合乎准则的内控制度,并不是自身有这个要求,而是为了满足公司上市审核的需要。对于内控制度的认识,决定了公司内控机构在公司内部的地位和尊严,也决定了这项制度在公司内部能不能有效执行。

　　了解内控制度的执行情况,一是可以通过内控人员在公司的地位来判断。一般而言,注重内控实效的公司,会安排有能力、敢担当的人员担任内控负责人。而对于把内控机构的岗位当作闲差,把公司当作安排某些人员的"养老院",或者安排关系户的"休养所"的情况,CPA应当对其内控制度的执行效果打个大问号。

　　实际工作中,通过查询公司的内控记录,一般也可以发现内控制度的执行情况。如果记录中,公司根据内控检查发现经营中存在的问题,董事会或者内控机构对这些问题有处理意见,那么,内控制度的执行是比较有效的。这样的记录越多、事项越重大,制度的执行也越到位。如果记录的都是一些鸡毛蒜皮的事情,或者有情况记录,没有处理结果,CPA应当警惕。

　　一项好的制度的贯彻落实,还需要较强的执行力。内控是公司的内部事宜,往往受到内部各种利益相关人员的牵扯,一些公司的实际控制人往往可以一句话决定某个事项。因此,了解内控制度和人员的情况,是了解公司治理的一个重要内容。

　　当然,对于客户的了解,应该不仅仅局限于此,而且内容也可以更加广泛。在时间、成本允许的范围内,尽可能多地了解客户信息,是一个优秀的CPA必做的功课。了解了客户的情况不一定能够解决审计中的全部问题,但不了解和掌握相关有价值的信息,就一定做不好审计工作。

第 五 篇

提升离不开勤思

◎ "闲"时莫忘回眸

◎ 万丈高楼平地起

◎ CPA 的培训之道

◎ 专业能力提升永远在路上

◎ 强者需要淬火锻造

　　——CPA 如何应对压力

"闲"时莫忘回眸

"农忙"过后,CPA 还有很多事情需要做。

一个训练有素的 CPA 至少有几项工作不能停:复盘、总结、调整准备。

"农闲"是提升能力好时节。

CPA 根据审计合同约定完成审计报告等相关事项后,审计工作是否就此结束呢? 实际操作中,大多数 CPA 认为出具了审计报告,完成了审计收费,这项工作理所当然就结束了。行业内对年报审计"忙季""淡季"的约定俗成的划分,也是对这一看法的默认。在年报审计阶段(通常是当年 12 月至次年 4 月),几十份审计报告要在这一时间段出具,CPA 加班成为常态,工作量占比达到年度的 60%。这个时间段被称为"农忙季节"。过了"农忙季节",CPA 会相对比较轻松,除了整理底稿,常常进入休息调整状态,甚至安排度假事宜。

作为一位在审计行业摸爬滚打几十年的 CPA,我认为,"农忙"可以过去,年审项目可以结案,审计工作却不能就此结束。无论是一次性服务还是持续性服务,项目结束仅是完成了某一阶段的工作而已,项目以后的工作还只是刚刚开始。在"农忙"过后,一个训练有素的 CPA 至少有几项工作不能停。

1. 审计报告公布以后的影响

投资者对上市公司,甚至非上市公司的审计报告具有天然的敏感性。首先,CPA应高度关注这个群体对审计报告的影响程度和引用情况。其次,应关注上市公司二级市场的反应,以及相关媒体的分析评论。CPA应把媒体的分析评论视为审计工作的补充,在项目立项、实施、完成之后,始终关注不同媒体对公司运营,以及审计报告的报道、评论。

工作实践中时常发现,CPA因不关注媒体的报道,导致本来可以弥补的小错,或被放大、或被拖延、或被误导,没有及时采取补救措施,最后受到监管机构严厉处罚,所谓"千里之堤,毁于蚁穴"。

事前、事中、事后,CPA都应关注投资者和媒体的分析评论,甚至与他们直接沟通,了解真实情况,检讨自己是否有重大问题未发现或未引起足够重视,这对制定审计计划、审计策略,最后撰写审计报告都有重要的意义。个别CPA的过分自信甚至狂妄自大,不掌握舆论信息的反应,很容易跳进各种各样的"坑"里,甚至失去自己从事这个职业的资格。

2. 复盘查漏,寻找更多的妥协点

审计报告出具以后,CPA应该与同事重新整理有关工作底稿和审计证据,如同一盘围棋结束,棋手重新复盘检讨每一步棋,哪一步是闲着,哪一步是恶手,哪一步能够有更好的妙手。当然,与棋手不同,CPA还需要根据各方对财务报告的分析评论等反应,检讨自己工作有无疏漏。应对各方反应的信息认真梳理,特别是对特殊交易审计中的疑点、难点应重新讨论、研究、补查。

在实务中,客户与CPA对某些问题发生重大分歧的时候,由于各方持不同立场、观点,有时甚至比较对立,经过持续探讨后达成暂时的一致。其中,大部分是互相妥协,或者一方的退让多一点,但分歧依然存在。审计报告出具以后,双方的对立情绪会缓解许多,沟通可能会顺畅一些。在这个复盘的过程中,CPA可以重新审视对风险的判断,还有时间要求客户采取相应的调整措施,将风险或者后果严重程度降到最低。同时,CPA可以从容地对所有证据进行重新梳理,规范审计证据。换句话说,在比较和谐的氛围下,CPA应以专业能力、敬业态度与客户沟通,要求客户提供更加完善的原始资料,将存在的瑕疵用专业的方式进行补救,同时寻找合法合规的处理方法,化解可能带来的风险。

我多年审计工作的体会是:反反复复讨论的问题最后都不是问题。有些看似小问题,或者所谓不重要的问题,一旦忽视或放任不理,最终会酿成大问题。正所谓大江大河都过来了,却在阴沟里翻了船,"一失足成千古恨",此类现象并不鲜见。

所有的复盘回顾都是为了避免风险。这个风险既是客户的,也是CPA自身的。审计过程中的争辩有时源自各自的利益驱使或者是对规则的理解不同,但风险一旦发生对双方都是负面的。因此,规避风险是双方应共同追求的目标。复盘是审计报告出具以后的常态化工作,CPA应与客户的实际控制人及相关财务人员定期沟通,了解客户的决策和重大财务行为,并对相应的问题给予财务处理上的专业意见。客观地说,复盘也是CPA和客户长期合作的基础性工作。

3. 关注制度变化和行业的发展变化

几十年来,我国的社会经济发展迅猛,令世人瞩目,相应的制度建设也与时俱进,处于不断修订和完善的过程中。

实践中,经常会出现上一年度可以出具的审计结论,本年度不一定就可以出具。本年度对某些问题可以按此规则处理,下一年度未必可以。CPA 应该了解制度的变化,更高明的 CPA 甚至应该预见制度的变化趋势,及时以专业态度与客户研究、商讨这些变化对公司未来所产生的影响,为可能的变化制定未来的审计计划。

行业的发展变化对 CPA 服务的公司的未来发展也会产生重大影响。例如,随着通信技术、人工智能的高速发展,互联网将更大程度地渗透各种经济形态中,一些传统行业将发生革命性的改变。金融、制造、物流、商业零售等行业始终处于变化之中。对此,CPA 应有自己的独立判断,客户所处的行业将会有什么样的发展变化,在这个发展变化中,客户会何去何从? 未来的审计将面临怎样的挑战? 采用哪些措施是合理合规的? 未雨绸缪,不仅仅是客户的需要,也是 CPA 的需要。

4. 紧盯资产重组变化

资产重组审计,是一个相当复杂的系统性审计项目。一方面,CPA 在这类审计中可以获得较高的收入;另一方面,也应具备化解风险的专业能力。

实务中,有的上市公司为了自身利益,不择手段,欺骗投资者。如有的公司为了保壳,为了重组成功,杀鸡取卵,急功近利,常常采用各种手段,为了眼前利益而置法规于不顾,隐瞒公司真实状况,有的恶意造假。近年来,有相当部分的重组公司在承诺期结束后,财务状况出现断崖式下降,使投资者有被欺骗的感觉。这样的公司缺乏可持续发展的路径,同时,也极大地损害了CPA的声誉。

如果这类公司是CPA持续服务的客户,这就要求CPA在年度常规审计项目结束后,持续进行沟通疏导,对其合理合法性事先予以控制,力争使客户不良的念头消灭在重组审计前,而不是为获取所谓的超额收益,与客户一起谋划动机不正的重组。

显然,在常规的年度审计工作结束后,这类公司是CPA时时重点关注的对象。

5. 调整审计方案

毫无疑问,"农忙"以后,CPA的工作,无论是对舆情的关注还是对审计过程的复盘,以及掌握政策法规和行业发展的变化等,都有一个最终目的,即调整完善审计计划,为客户规避风险提供专业的建设性的意见,更好地服务客户。

古希腊哲学家赫拉克利特曾经说过:"人不能两次踏入同一条河流。"何况始终处于经营变化中的公司,变是永恒的话题。

实务中,审计方案的调整基于以下几点考虑:

首先是客户公司的变化。包括客户在一段时期内业务的扩大和收缩,资产经营的变化,管理层人员甚至股东的变化,凡此种种,不一而足。因此,未来审计计划的调整成为必然。同时,如果客户公司有重大资产重组可能的话,拟定相应的审计计划更加有必要。

其次是审计团队的调整。CPA 在总结上一次审计的过程中,应该对项目组成员有了更深的了解:职业精神、专业能力,有何擅长,在新一轮的审计工作中是否需要调整。对不同特点的人员应安排在何种岗位,需要周密思考和合理安排。同时,应做好审计时间和审计成本的相应调整。

最后是风险预评估。CPA 必须对风险有充分的预判,并且要有足够充分的依据。俗话说,不打无准备之仗。对于评估后觉得风险较高的客户,应采取提前预审,尽早发现问题,锁定财务记录,压缩其造假空间,发现问题并明确表示意见。提前预审,实际上是给客户留出调整处理特殊事项的时间和空间,同时,也让 CPA 可以更早地掌握客户未来可能发生的一些重要的会计处理,为 CPA 选择多种应对方案留有更大的腾挪空间。

需要补充的是,在"农忙"以后的时间里,CPA 有更多的时间和空间可以去思考。只要保持这种进取心,天天关注,不断思考,发现问题,解决问题,发现风险,化解风险,CPA 个人的能力和格局会有提升,同时其提供给客户的服务也会升级。

万丈高楼平地起

审计的所有信息来源于一线。

为了确保信息采集的准确性,必须保障一线的工作不受任何外界干扰。必须明确一线工作的职责边界。

牢记:成本永远不是静止的,当发生风险的时候,成本会趋于无穷大,而效益会趋于零。

俗话说:"万丈高楼平地起。"高耸入云的摩天大楼,无论多高,总是从基础往上一层一层建造起来的。所有的建筑,无论是西方传统的哥特式、巴洛克式还是中国的亭台楼阁或者是现代的各种样式的建筑风格,凡此种种,不管功能如何不同,风格千变万化,最终都要建立在坚实的基础之上。中国有句成语,叫"空中楼阁",说的就是没有基础的建筑。空中楼阁神话里可以有,凡人看不见。

其实何止建筑,世上大多数事物,都要打好基础。基础不牢,地动山摇。执业会计师的审计工作也有基础,那就是审计的现场一线工作。如果建筑的基础是实体物质,审计的基础就是在第一线获得的准确的财务信息。

1. 审计的基础在一线

审计的结论来源于财务信息。财务信息的不完全,或者不准确,特别是重大事项的财务信息错误,会导致结论的不准确。执业会计师当不好"看门人",会给自身和事务所带来风险,更会给投资者等造成重大损失,甚至会影响社会的稳定。

任何一位 CPA,都会期待客户公司守法,并且具有专业精神,客户提供的所有财务信息都是准确的,所有的交易都是合法的。但是,现实并不都是岁月静好,表面看似平静的账务下面,说不定已经暗流涌动。

一线的工作,一方面是获取信息,另一方面还要辨别信息的真假,承担去伪存真的职能。有时候,现场第一线的审计人员接触到的绝大部分财务信息,如函证、合同,包括复核似乎都没有漏洞。换句话说,一线的大部分工作看起来都是繁琐而无效的求证,而这个求证的结果常常是没有问题。其实,很多问题就隐藏在"没有问题"这个表象下面。错误的信息往往夹杂在准确的信息里,或者以准确的形式出现。很多信息的核实,并不是仅仅坐在办公室里就能完成的,新进的高端设备价值上百万,甚至千万,这时候就需要到现场去看看实物,甚至要看看设备的铭牌是哪一年生产的,与账面上进货时间是否吻合。

CPA 获取信息、辨别信息,有时确实难度不高,但有时候却异常艰难。特别是客户公司正处在某一个关键时刻,如重组、融资、ST、退市等,一线审计人员面临的是异常艰难的博弈。此时此刻,审计人员的职业怀疑,甚至直觉只有在一线才能感受到。实务中,有 CPA 在与客户公司财务主管的沟通中,发现财务主管对某个问题的解释出现神态和语气的变化,CPA 立刻重新复核这个问题,便发现其中的破绽。说实话，如果不是在一线，仅仅看谈话记录，有些问题是很难引起警惕的。

2. 做好一线工作人员的保障工作

现场一线的工作如此重要，那么，如何让一线这个基础性工作卓有成效呢？这里，我不说团队建设、个人专业能力等问题，而是从一个项目的负责人、合伙人的角度，谈一谈应该如何做好现场一线工作人员的保障工作。

审计计划是审计过程重要的组成部分，类似于建筑工程的设计蓝图。目前，本土会计师事务所对审计计划的重视程度已经大大提高，计划安排越来越审慎周全，但在现场工作的安排和实施方面还有待改进之处。

（1）现场一线最具体的是人员和时间的安排

依据审计项目的内容，合理做好人员和时间的安排。现场需要多少人员，由谁负责；每个具体的小项目谁负责，等等，都要安排到位。时间上要注意是短期还是较长时间，其间是不是有节假日。还要考虑外勤业务量、出差时间频率等。特别是持续时间较长的项目，需要在紧张的工作中安排好轮休，不能因为时间紧搞疲劳战。人性化的管理，让团队能够长期保持清醒的头脑和高昂的斗志，提高工作效率。

在人员和时间的安排上，需要考虑项目出现变化时的调整。审计过程中发生大大小小的计划外的事件是常态，因此，在审计计划中，要有变化的预案，时间是不是要延长，若延长，需要延长多久；人员是不是要增加，增加哪些人员。一般而言，项目合伙人在同一时间段，可能有几个项目同时进行，那么在人员的安排上需要统筹考虑，特别是在某个环节补充哪一类专业突出的人员都要恰到好处。

（2）随时关注审计进程，尤其是一些关键节点

一般情况下，对于有较高风险的项目，事务所会安排经验丰富的审计人员具体负责现场的审计工作。在人员安排布局完成后，项目负责人，甚至项目合伙人，必须随时关注审计过程。在关乎重大审计程序的节点上，如函证、盘点、重要合同的审查以及重点风险点等，项目负责人虽然未必在现场指导，但必须在第一时间掌握情况。

掌握情况，不仅是了解工作进程。实务中，不少项目负责人，甚至合伙人，特别看重审计工作进度。我的经验是，要了解在哪些环节容易出问题？比如，函证回复有没有值得怀疑的地方，盘点的结果与账面是否吻合等。工作进度需要掌握，但工作的有效性更加重要。在这些方面，哪怕是项目负责人或者合伙人的一次电话沟通，或者询问一线人员"发现了什么问题""完成得怎么样"，都是对一线人员的工作指导。当然这种工作指导因人而异、因事而异。随时关注审计进程，还有一个重要职能，就是在必要的时候，项目负责人或者合伙人，能够第一时间赶到现场，处理棘手问题。

关注过程、随时查看工作底稿很重要。一线复核人员对审计证据的有效性是确认或者怀疑，应有专门人员记录，留下工作痕迹。项目合伙人应该经常查看这类记录，一方面，督促一线人员随时记录工作的痕迹；另一方面，审核一线人员是否存在遗漏或忽视的问题。

（3）与客户公司高级管理人员的沟通也是对一线人员工作的支持

审计过程中，一线审计人员与客户公司人员的沟通是常态，但合

伙人与客户公司人员的沟通则要正式得多。这个时候需要有一定的仪式感，哪怕是讨论棘手的问题，这种仪式感也是必需的，但要掌握好度。

　　一般情况下，如果是一家新签订服务合约的客户公司，合伙人大都会礼节性地拜访客户，这是对客户的尊重。

　　在审计过程中，若在一些重大问题上发生分歧的时候，项目负责人，甚至合伙人主动与客户公司的高层次人士沟通，就显得十分重要。项目负责人或者合伙人，在这样的沟通中，一方面，要站在更高的层面上，把问题讲得更清楚，把风险讲得更明白。另一方面，要维护一线人员的权威和尊严。客户公司往往会有一种感觉："一线人员是小人物，不敢承担风险。负责人或者合伙人就不一样。"一个优秀的合伙人是不会把一线审计人员当成小人物的。即使在某些不重要的环节有所让步，也会顾及各方面的承受度。在这方面，爱护自己的一线人员，敢于担当，就是维护一个团队的权威。

3. 明确一线工作的职能

　　一线工作是基础工程，其主要职责就是确保获取的财务信息的准确性，包括函证是否准确，合同是否有效并履行，重大交易是否合理并没有关联交易的特征，库存与账面是否相符。如果客户公司提供的信息与事实不符，那么，错在哪里？总之，信息要准确。

　　因此，在保证信息的准确性以后，合伙人需要解除一线人员的其他担忧。

　　（1）一线工作人员主要职责是确保获取财务信息的准确性

　　一般而言，一线审计人员包括项目负责人，没有义务对审计结论所造成的后果承担法律责任。这包括但不限于：实施了审计程序之后，审计人员出具了无标准意见的报告，而这些报告造成了客户的流失，或者受到经济损失，甚至造成了证券市场的严重波动。一线审计人员的工作职责简单明了，就是按照计划规定的要求去履行职责，按照准则的规范，获取准确的财务信息，完成审计工作。

项目组成员在完成所有必须的审计工作后，由事务所依据一线检查和在获取证据的基础上作出判断和结论，最后出具报告。当事务所领导因某种原因作出了错误判断，其责任应在主管合伙人，项目组不承担责任，除非项目组采集的证据不充分或不正确，或者参与舞弊。

（2）一线工作人员不必过多考虑控制成本

一线审计人员和项目负责人不必过多担心为实施程序而额外提高审计成本，即使这些成本是不能弥补的。一个项目的成本与效率是事务所主要考虑的事情。

我一直希望，审计成本与效率不应该与项目的收益挂钩。但是，实务中，往往不能完全做到，尤其在本土事务所，还没有比较完善的机制从根本上解决这个问题。

成本与事务所的效益，与个人的收益，如果不能撇清联系，一线工作人员就不可能不考虑成本的控制。试想一下，在建筑工程基础施工的时候，遇到地下有暗河，或者地质断层，一线施工人员担心成本上升，不修改完善工程设计，是不是要出大事情？

实务中，很多审计的疏漏就在于一线人员，或者项目负责人往往过多地考虑了成本因素，没能坚持到最后。该成本因素包括时间、人力、资金等，对某些可能有问题的信息没有追查到底，会导致发生重大问题。

　　以上问题的产生,事务所负有一定的责任。有人会认为,绝大多数项目负责人或合伙人的判断是准确的,再加大成本投入、追查到底,也不会影响整个审计报告的结论,因此没有这个必要。经验告诉我们,老是放过疑点,就会养成大而化之的审计风格,如果这样的作风在事务所形成风气,那就埋下了风险。

　　在目前不能完全放下成本负担这个"包袱"的情况下,事务所是不是考虑设置一项资金,专门用于某些项目成本超支的补贴。长期来看,一线人员的收入与成本支出的脱钩是必然趋势。

　　成本永远不是静止的成本,当发生风险的时候,成本会趋于无限大,而效益会趋于零。

　　万丈高楼平地起,老子有言:"合抱之木,生于毫末;九层之台,起于累土;千里之行,始于足下。"人们总是赞叹高楼的雄伟壮丽,却很少去赞叹看不见的基础。现场一线的审计人员,就是筑基的工程师和施工人员。在这里,我想说的是,心无旁骛,多关注采集信息,关注信息的准确性,是一线人员的宗旨。项目的合伙人,包括事务所应创造更好的条件,为一线人员能够出色完成整个项目打下扎实的基础。

CPA 的培训之道

CPA 来自不同专业，入门培训很重要。

职业品德、基础知识、严谨作风、多学科的知识结构等，一个都不能少。

入门培训主要是为学员设立一个框架，指明以后学习的方向和方法。正确的方向和方法确立了，就会受益终身。

CPA 的行业准入，与医生、律师这两个自由职业相比，应该是最开放的。一个非法律专业毕业生，通过自学获得相关执业资格，成功的较少；一个非医学专业毕业生，能够获得医生的执业资格的，更是凤毛麟角；而非财经类专业毕业生，取得 CPA 执业资格，已不鲜见。曾有一位化学专业毕业生先做了中学老师，后又自学考试通过了 CPA，进入事务所几年后就成了项目合伙人。

非专业出身进入 CPA 这个行业，首先是社会经济发展的需要。资本市场高速发展，特别是证券市场中 IPO 公司和上市公司的大量涌现，使得审计人才出现极大的缺口，专业出身的人员远远不能满足需要。各路人才涌入这个行业便顺理成章。可以这么说，招揽各路人才的做法是这一行业的惯例，从知名的"四大"到本土事务所，每年都有非财经类专业的大学生，甚至是硕士研究生加入注册会计师队伍。

　　了解了这一背景，就能够理解，CPA 行业入职容易，但要做好却不易。要做好这一行，对 CPA 来说，持续进行职业培训是绕不过的坎，而且这种培训需要贯穿 CPA 的整个职业生涯。这是因为，经济的发展是一个持续深入的过程，新的经济形态不断挑战已有的会计、审计制度。此外，监管制度和手段的不断创新，也需要 CPA 与时俱进。一个有十年从业经历的 CPA 回顾一下，现在的制度与十年前的制度相比是一样的吗？因此，主动的学习和培训是 CPA 很好地适应时代和职业发展的必由之路。

　　CPA 培训有两个阶段：一个是入门培训；还有一个是职业生涯中的继续培训。这两种培训都是必不可少的。

　　目前，国内对审计从业人员的培训主要由各事务所来完成，行业协会也会不定期组织培训，或者考核事务所的培训情况。因此，培训成为事务所和行业共同关注的一项重要工作。在我看来，除了常规的专业知识培训，就入门培训而言，还需要强化以下几个方面。

1. 树立诚实守信的职业道德

　　社会赋予 CPA 的职能，就是对具体的客户公司的财务状况进行审核，对客户公司的经济活动起到一个鉴证作用，CPA 的签字不是简单的一个姓名，而是社会对某一家公司的肯定。因此，诚实守信是 CPA 的一项基本道德底线。对于从事 CPA 职业的人员，唯有牢牢地守住这条底线，才能不受任何诱惑而诚信执业。入门培训特别需要强化这一点，这是"打基础"。若 CPA 职业道德缺失，心术不正，经不起诱惑，即使工作能力再强，也是隐匿的一颗地雷，随时都会爆炸，而这种杀伤力的强度很难预料。轻则毁了自己,毁了客户公司,毁了所在的事务所;重则会对资本市场产生重大影响,使整个 CPA 蒙羞。

洪应明在《菜根谭》里说得明白:"德者才之王,才者德之奴。"德才是王,才能只有在德的引领下,才能向正确的方向发展。事务所的培训教材里一般都有诚信道德的内容,但往往是理论上或照本宣科的比较多。事实上,在培训中,培训老师应该把现实的各种诚信失守的案例告诉学生,把其中的危害讲深讲透。诚实守信的职业道德,当为 CPA 培训的第一课。

2. 夯实财务会计基础

CPA 技能的最重要一个环节是财务会计基础理论。进入审计这个行业的人员有来自其他专业的人员,他们的财务会计专业功底参差不齐,因此,对于这些人员,补上会计原理、财务会计和管理会计等专项课程是必需的。

毋庸讳言,一些事务所存在重业务、轻培训的问题。新进人员进入行业以后,基础培训走过场,直接上岗工作,在某个工作环节一干就是多年,如专门收集凭证等,以致有些工作两三年的人员对整个实务操作流程都不完全熟悉。

财务会计基础培训的方法应该是多样化的。除了上课,有可能的话,应让新人或者工作一两年的人员去相关的企业实习,从会计员开始,从基础工作开始,体验会计实务工作,获取感性认识,知道哪些凭证是哪个环节制作的,制作的关键点是什么。应让书本上的原理和实际工作结合起来,让冷冰冰的数字鲜活起来。

一个对会计实务不了解的人，无法很好地去审计别人的财务状况。

千里之行，始于足下。财务会计基础培训就是千里之行的第一步，根基筑得牢，发展进步才会长远。这一点，事务所要有前瞻性，也必须向受培训的员工讲清楚。

3. 注重综合素质的培养

如果说职业品德、会计、审计基础理论是做好审计的基本要求，那么，具有复合的知识结构是必要的条件。

事务所的审计从业人员面对的是不同的客户公司，分布在不同的行业，每个项目都有不同的问题，需要用不同的方法和手段去解决。尤其需要指出的是，由于利益的驱使，对某项交易的理解不同，审计项目在实施过程中，无论是有意的还是无意的，客户公司的相关人员与审计人员玩"藏猫猫"游戏的情况是存在的。因此，如何找出问题，面对问题，解决问题，有时候，仅仅依靠会计审计的专业知识是不够的。

长期的实际工作经验告诉我们，在遇到某些具体问题时，需要多维度地分析判断：符合会计准则规定的处理，是不是符合特定商业交易的逻辑？其实，很多分歧的解决，未必是按照会计准则来推进的，有时候是行业的惯例，也有的是从民法、公司法等角度来推进的。所以培训的要点是要告诉学员，审计工作是一项实务，在不同的环境，面对不同的对象，具备复合型的知识结构很重要。

综合素养除了知识结构，还需要在能力上体现。做审计工作，最好学习一下形式逻辑和辩证法。理工科出身的 CPA 在这方面的优势明显。大家知道,理工科比较强调逻辑推理。一道数学题可能有多种解法,但一定有一种最简单、最直接的解法。一艘船舶在水面下凸起一个部件,一定是有其作用的。同理,为什么明明用简单的方法可以处理,还要多绕几个弯子,这样的猫腻在我们的审计项目中常常会碰到。逻辑的力量是从看似平常的水面发现不平常的"暗流"。

4. 熟悉行业的前世今生

培训中,要让学员充分熟悉 CPA 的前世今生。

中国的注册会计师行业,是紧密伴随中国经济、中国的证券市场而发展壮大起来的。这个发展壮大是一个历史过程,这个行业还将面临更多的挑战。经济形态将更加多元化,市场主体也不断演变。科学技术的进步,推动了市场经济向生态市场经济的转变。审计行业必须紧跟经济的发展,制度方法必须不断探索、规范和创新。回顾过去,我们这个行业尽管磕磕绊绊,但是没有停下发展的脚步,作为个人今后更不能懈怠。否则,注册会计师行业健康发展,而某个个体,可能就被淘汰了。

我们也必须明白,国内的事务所与世界知名的"四大"会计师事务所相比,在品牌影响力、审计资源和危机处理,以及数据资料积累方面有较大的差距,不能对目前取得的一点点成绩沾沾自喜、盲目乐观,不能做井底之蛙。

了解了这个行业的发展,每一代审计人会对自身的历史作用、地位、成就和不足有一个比较清晰的认识,也能够感受到自身肩负的责任。

5. 培养对具体行业研究的兴趣

就专业而言,会计学是一门独立的学科。但是,会计准则,会计信息处理的范畴、方法和过程,在不同的行业,有其各自的特点。比如,贸易类和工业制造类的财务会计信息处理就有很大的不同,具体科目对应的具体内容也不一样。互联网和金融行业也不一样。

显然,CPA在掌握专业会计技能之外,还必须了解客户公司所处行业的基本情况。要告诉培训的学员,仅仅有专业能力只能成为一个普通的CPA,只能完成基本的审计项目。而要成为一个优秀的CPA,要完成大的审计项目,就必须有行业的专门知识。应了解这个行业的发展情况,成为这个行业的研究者。只有知晓这个行业的惯例,知晓哪些属于"灰色"地带,风险点在哪里,才能规避风险,出色地完成审计工作。

所以,在培训中一定要引导学员培养研究行业的习惯,可以当前比较热点的事件作为切入点,激发学员研究的兴趣。比如,可对叫停"蚂蚁金服"上市的现象进行研究,展开对互联网金融行业兴起、现状和未来方向的探讨。

培养学员行业研究的兴趣,不可能一蹴而就。在培训中,需要注意几点:一是根据学员自身的兴趣和原有知识结构,选择其最先接触的行业;二是利用当前的热点,引导学员形成对重点行业的研究兴趣;三是注重行业的关联、融合研究,如互联网和金融,制造业和贸易,科技和农业等。

总之,要让学员明白,不熟悉某个项目,是不可能完成大的审计项目的,一定要成为一个或数个行业的知情者、研究者,要养成行业研究的习惯。

6. 提升沟通能力

从广义上说,沟通能力应该归属于一个人的综合素养。但是,沟通能力与复合知识结构还是有一定的区别,其更多的是一个人的情商,我将其归为审计人员的"软实力"。另外,这个能力在实际工作中相当重要、相当管用,提高"软实力"常常能起到事半功倍的效果。

表面上看,审计工作是审核财务会计数据,实际上是与具体做这些财务会计数据、提供这些财务活动的人打交道。这些人具有专业知识,甚至也是了解法律法规等综合知识的精英。因此,在和客户访谈的过程中,CPA 不仅要获取有价值的信息,也要简洁明了地表达自己的审计意图,更重要的是要让客户了解你的理念和审计过程为什么是合理的,甚至认同你的价值观。

同样的案例,不同的人采用不同的沟通方法,结果是不一样的。一位审计人员和客户谈崩了,换一位就有可能谈妥,这样的事例不胜枚举。

需要说明的是,沟通能力不是简单的迎合讨好,不是虚伪的谄媚,更不是牺牲原则,而是大方得体,恰到好处。国外大学有专门的课程,训练学生的沟通交流能力,教会他们在不同的环境下,对不同的人,如何表达自己的意见,如何讨论存在的分歧,如何建立相互的信任等。我们的培训课程,也应该有这样的内容。沟通能力的提高,是对人性认识的提高。记得戴尔·卡内基有本名著叫《人性的弱点》,其中对怎样沟通,有很多精彩的解读。

总之，入门培训主要是为学员设立一个框架，指明以后学习的方向，哪些是需要尽快熟悉的，哪些是需要不断学习才能获得的，哪些是红线决不能踩踏的。培训应注重提升学员的学习能力。其实，大学的学习，最重要的不是知识，而是学习能力和方法，知识会陈旧，能力和方法则伴随终生。所以，入门培训的时间一般不会很长，但正确的方向和方法确立了，会受益终身。

培训的方式应该多样化，照本宣科、为完成课时而培训，效果不会太好。不同的科目应该有不同的培训方式，理论讲解、案例分析、实务操练、情景演练都可以采用。事务所负责培训的部门也可以向社会上的终身培训机构学习，采用新的方法。现在的年轻人对新潮的东西有更大的兴趣，好的培训方法同样有事半功倍的效果。

21 世纪的竞争是人才的竞争。会计师事务所的未来在于人才的积淀。会计师事务所对人才培养的重视程度，关系到事务所的发展后劲。

专业能力的提升永远在路上

专业能力提升没有止境,关键是找到提升能力的路径和方法。

路径之一,深度研究准则;路径之二,研究案例;路径之三,研究监管方向、方法;路径之四,了解几个行业的前世今生。

持之以恒,当有大长进。

CPA 是一种专业性和技术性都很强的职业,承担着资本市场财务信息质量"看门人"的职责。这个"看门人"不好当,随着社会进步和经济的发展,人们对资本市场财务信息的质量要求更高。这就要求审计行业的从业人员与时俱进,不断学习,树立专业能力的提升永远在路上的理念。

学习和思考是提升专业能力的重要路径。

1. 养成对《会计准则》《审计准则》不断学习的习惯

从事审计工作的人员必须清楚,这个行业是一个政策和规则主导的行业,会计工作必须合乎《会计准则》。我们必须按照《审计准则》的要求开展审计。有人对准则的经常修订颇有微词,认为规则的频繁修订让执行者无所适从。其实,准则的修订正是社会经济活动充满活力和变化的直接体现,也是从业者必须适应并且严格遵守的现状。提升能力的一个重要途径,就是弄通、弄懂这个变化。不但要知道哪些条款有变化,而且要知道为什么变化。所有的改变都有其内在的原因。"知其然"还不够,知其"所以然"才是真本事。把准则的变化研究透了,你才能有避免风险的能力。

2. 研读一段时期内受处罚或警示的案例

我国的资本市场尚不健全,存在着各种各样的违法、违规现象。发现这些经常发生或具代表性的问题,需要相当的专业能力和水平,如何提升专业能力?一个非常有效的途径是研读、分析近3～5年内监管部门的处罚案例,或者对某些问题提出的集中警示。

解读案例,分析其中具有典型意义的细节特征,了解舞弊和发现舞弊的要领,对提高辨别能力和判断力有直接的帮助。同时,对某一个时间段的案例分门别类地统计分析就会发现,某一个时间段,受处罚的案例会主要集中在某一类问题上,或某一类行业中。对此类问题的处罚和警示说明有代表性,希望通过处罚等手段,遏制同类问题的重复发生。

对处罚案例的深入解读,可以了解监管层的监管动向和监管重点,为丰富审计手段打开思路。2019年3月,证监会发行监管部公布《首发业务若干问题解答》。因本次"IPO解答"公布共50个问题,业内简称为"IPO50问",其内容主要是相关法律、法规、规则、准则,在首发审核业务中的具体理解、适用和专业指引,涉及首发申请人共性的法律问题与财务会计问题。后来,有人将其扩展为IPO上市必问80

大问题。

毫无疑问,监管部门发出这个"IPO50 问",是针对上市公司有代表性的违规问题而制定的。

一个 CPA 未必在一定时间内会发现"IPO50 问"的所有问题,但通过学习"IPO50 问",再结合自己的工作实践举一反三,对专业能力的提升无疑有巨大的帮助。

CPA 通过了解、弄懂案例,并能触类旁通,见识就会提高很多。

3. 从监管部门的日常监管侧重点中提高辨别能力

分析监管部门的处罚案例能够积累经验,提升能力,解读监管部门日常管理的侧重点也是一种提升能力的好方法。

比如,我们可以从证监会的反馈意见中发现问询的逻辑关系。证监会对 IPO 企业首次公开发行股票申请文件提出反馈意见,要求 30 日内提供书面回复。具体的案例有,要求有关公司补充披露境外销售情况,这是针对日益变化的外部环境而做出的制度安排。众所周知,外部环境目前存在着巨大的不确定性,贸易战、部分国家和地区的民粹思潮抬头,对以出口为主的中国企业造成极大压力,也增加了企业经营发展的不确定性。新发的 IPO 应该对此有充分的预估。同理,CPA 不仅在 IPO 审计时要关注这个问题,在其他的年度审计、重组审计时,也应引起重视。

又如,从证交所问询函中寻找审计的角度。证交所对上市公司的问询函是动态过程监管的体现。现实中,问询对上市公司形成相当大的压力,收到问询函后,往往是审计师针对问询的问题扩大了审计范围。同时,为避免被反复问询,审计报告的专项核查意见要更加明确和翔实。

从中注协监管约谈中提高辨别能力。在被监管部门处罚的案例中,CPA 深陷其中的不在少数。其中有的是能力问题,有的则是因主观故意、共同舞弊所致。因此,在年报审计期间,中注协会不定期公布上市公司年报审计风险,并约谈部分会计师事务所,提示相关风险。就技术层面来说,行业主管部门这样做是为了提高 CPA 的专业能力,避免犯低级错误;就道德层面来讲,是提示 CPA 摆正位置,不要做违反职业道德的事情,远离舞弊。只有重视这些提示和约谈,才能够做到提升能力,规避风险,不犯错误。

4. 沉下心来,深度研究一个乃至几个行业

"术业有专攻"。要想有自己的"独门绝技",就 CPA 而言,除了具备审计的专业能力,必须对一个或几个行业、领域有深入研究,成为这些行业或领域的专家。

具体来说,就是选择几个自己特别有兴趣,或者比较熟悉的、有一定资源的行业进行深度研究。

应深入了解这个行业中哪些企业是成功的? 哪些企业是失败的? 了解其中的原因。比如,如果对互联网行业特别有兴趣,你就要了解在阿里巴巴、天猫,以及京东"赢者通吃"的局面下,为什么拼多多会异军突起? 其中,应关注宏观因素影响有多大,行业的突破口在哪里,创业者的主观因素有哪些等,特别应关注这些因素对财务和审计有哪些影响。

同样,可研究在众多 P2P 爆雷的情况下,蚂蚁金服为什么能够越来越壮大;在上市的前几天,又为什么会突然被叫停;新科技和金融行业的界限在哪里。

研究一个行业,重点是研究这个行业的兴起、发展、衰落的原因,了解这个行业的前世今生,探索这个行业的发展规律,形成对这个行业内某个企业的前景的预判,达到"春江水暖鸭先知""一叶落而知天下秋"的境界。

5. 充分利用事务所的自有资源,建立个人"资料库"

个人经办的项目是有限的,但一个单位、一家事务所的项目资源却是一个宝库。要充分利用单位的资源,学习同事的经验。应对本所近年来的重大项目进行回顾、研究分析,学习别人解决问题的方法,学习别人的经验,这是提升个人能力的简单可行的好办法。解放战争时期,东北野战军有一个很好的传统,"野司"有一个要求,就是一次战役结束,从连、营、团,一直到纵队,在第一时间召开总结会。战役取得胜利,要知道为什么能获胜,是不是可以做得更好,使我方损失再少一点;战役差强人意,是因为事先计划不周还是其他因素影响;战役失败,找出主要原因、次要原因,研究为什么不能补救。这个总结还要逐级上报,最后发到整个野战军。也就是说,一个师的战斗总结,会成为整个野战军的经验教训总结。

如果会计师事务所有这样的总结分析流程,那是最好的,如果会计师事务所没有这样的传统,作为一个有所作为的 CPA,个人可以尝试做起来,把有意义的项目按照自己的分析总结存档,建立个人的资料库。

工作总结是一项比较繁琐的工作,但是日积月累,你会发现你的能力会在这样的总结中不知不觉地提高,解决问题的方法会越来越多、越来越有效。

6. 关注财务报表使用者对审计报告的需求

CPA 的审计报告不仅仅是服务于客户公司。CPA 要跳出为客户审计的小角度,从审计报告的所有使用者的角度看待自己的工作。

审计报告的率先使用者是上市公司,上市公司要利用审计报告向社会公开公司的经营状况。随后使用审计报告的是股东、潜在的投资者和监管机构。毫无疑问,上市公司和大股东参与了公司的经营活动,对公司的情况未必完全需要通过审计报告来了解;但一般股东和社会投资者并不参与公司经营,他们通过注册会计师的审计报告了解公司,对审计报告所反映的信息关注要求更强烈。

所以,我们的审计报告不仅仅是给一家公司来使用,而是提供给整个资本市场的所有参与者。

以年度财务报告为例,年度报告反映的是公司营业收入、营业成本、毛利和毛利率的变动情况与原因,公司的现金流情况,公司的研发投入等。孤立地看只是一组组数字,但从所处行业来看,从历年的数据变化来看,就可以发现公司的格局和趋势、公司的发展战略、资本的运作、可能面临的风险等状况。而这些状况都是投资者最看重的。如何在审计报告中体现这种格局和趋势,是考验 CPA 能力的一个方面。站在一定的高度考虑问题,是发现问题、寻求更为合理的解决方法的必要条件。

总之,CPA 的价值在于专业,专业创造价值。而专业能力的提升,路径多多。"天行健,君子以自强不息"。CPA 要不断学习,力求进步,刚毅坚卓,发奋图强,永不停息,专业能力的提升永远在路上。

强者需要淬火锻造

——CPA 如何应对压力

有责任，必有压力。

责任、风险、投入、收益、诱惑，是 CPA 必须面对的压力。

正确的价值观、财富观是 CPA 的底层逻辑。

迎接挑战，遇强更强是意志，也是一种享受。

"我们现在压力太大。"我不止一次听到 CPA 这样的抱怨。我理解这样的抱怨，但不赞同这样的抱怨。

看看周围，哪个行业，哪个公司，哪个人没有压力。历史的车轮就是按照自身的逻辑发展，从来不会顾及某个行业或某个人有没有压力。从大的说，某位大国前总统，任内两次遭弹劾，压力大不大？从小的说，快递小哥苦苦哀求顾客不要因为延迟送达外卖而给差评；新冠肺炎疫情肆虐，多少小企业不能开工，小老板是不是"亚历山大"？

人生从压力开始。从几亿个小蝌蚪中脱颖而出，哪一次的扭动前行不是为了冲破重重阻力，比别的小蝌蚪先到？压力从来没有离开过一个人的人生，只是你有时可能没感觉到。

CPA 不应该考虑压力有没有，而应该考虑压力来自哪里，是客观环境造成的，还是自己主观没有想到造成的？CPA 面对压力，应该如何处置才能够从被动地疲于应付,转化为从容地面对和解决,把压力当作自己成长的阶梯。"玉不琢,不成器"。CPA 不会化解压力,也就不能"成器"。

CPA 的压力来源有以下几个方面。

1. 责任、投入与风险、收益的反差

CPA 被称为资本市场的"守护神",表明其承担着重要的社会责任。CPA 首先是维护市场经济的运行秩序,保护资本市场参与方的利益,也就是维护社会公共利益;其次是促进企业完善现代财务制度,堵塞舞弊造假的漏洞;最后,社会也要求 CPA 自身遵守职业道德,不能越过底线,成为财务造假的参与者。

CPA 的责任重大,需要有担当,有担当就会有压力。

资本市场不是菜市场。菜市场个别商家缺斤少两,也有影响,金额却不大。资本市场的一个舞弊案,牵涉的往往是数万甚至上百万投资者的利益,金额涉及数十亿甚至百亿。以往发生的重大舞弊案,造假的是企业,但参与审计的 CPA 也脱不了干系。社会大众有一个共识,即客户公司的财务信息存在问题,CPA 应该能够发现,并加以揭露,这是必须的;一旦不能发现,就一定有内幕,有重大关联。正因为如此,有的 CPA 自嘲:"我们的工作,就是造福他人,风险自己扛。一个疏忽,就会变成'替罪羊'。"

责任和风险的重大,促使 CPA 做事如履薄冰,不能有半点懈怠,而审计工作的繁琐,又不容易被外人了解。在资本市场上,CPA 被比喻为"农民工",脏活、累活责无旁贷。以 IPO 或并购重组为例,交易

能不能成功,核心是财务信息。审计人员必须对大量的财务信息进行梳理,从中发现哪些是重大信息,对上市、并购、重组有重大影响,其工作量巨大而又枯燥。但是,与其他行业相比,CPA 的中介服务费用与其付出的辛劳是不对等的,有比较大的反差。

责任和风险、投入和收益的纠结,是 CPA 的主要压力来源。

2. 监管的趋于严厉和市场竞争白热化的反差

目前,对资本市场规范的监管已进入常态化,基于"零容忍"的要求,监管措施和处罚日趋严厉。

2021 年 2 月 19 日证监会通报,已经组织系统内单位对 2 家审计机构,合计抽查 31 个审计项目;对 11 个审计项目实施专项检查。根据本次检查情况,又拟对 8 家次审计机构及 28 人次注册会计师,采取出具警示函的行政监管措施并记入诚信档案,同时对部分涉嫌违法违规的问题线索移交稽查处理。各证监局也根据检查情况,对 105 家次审计机构及 225 人次注册会计师分别采取了不同的行政监管措施。

常规的检查在于纠错。新修订的《证券法》于 2020 年 3 月 1 日开始施行,对 CPA 犯错的处罚达到了一个全新的高度。《证券法》第一百六十三条明确规定:证券服务机构为证券的发行、上市、交易等证券业务活动制作、出具审计报告及其他鉴证报告,或者法律意见书等文件,有虚假记载、误导性陈述或者重大遗漏,给他人造成损失的,应当与委托人承担连带赔偿责任。

承担"连带赔偿责任"是第一次纳入法律追责的范围。CPA 犯错,不再是原来简单的罚款、市场禁入就可以了事。换句话说,当某个上市公司造假,给投资者造成重大损失,投资者可以向法院提起民事赔偿的诉讼。请求赔偿的标的可能是几亿甚至几十亿元,而出具各类报告的中介服务机构和直接责任人,如果不能自证清白,就必须承担连带赔偿责任。如果 CPA 涉及此类重大舞弊案件,坐牢和倾家荡产都是可能的。一着不慎,满盘皆输。几十年攒下的家底,一朝化为乌有。

承担"连带赔偿责任"是社会一直呼吁的。这把"达摩克利斯之剑"终于成为法律,这是一条红线,也是一条底线,对 CPA 的心理震慑作用是巨大的,压力也是空前的。

随着社会经济的发展,资本市场的监管只会越来越严。

与此形成反差的是,资本市场中介服务的竞争日趋白热化。这种竞争是上市公司经营竞争的必然反映。实体经济为了重组,为了摆脱经营不善引发的"戴帽"、退市的后果,必然要求中介机构为其粉饰财务信息。某些中介机构不惜压低服务费用,争取优质客户;同时,对存在一定风险的客户,一些中介服务机构为了扩大客户资源,铤而走险,不惜以身家性命为赌注。实务中,一些审计机构什么样的"活"都敢接,什么"价"的服务费都可以承受,审计质量、后果都可以不考虑。这样的案例屡见不鲜。这种现象极大地扰乱了中介服务市场的正常运行。

竞争的白热化,常常演变为恶性竞争。如何在监管和竞争的困境中走出自己的路,值得 CPA 深思。

3. 对手的强大和自身团队进步微小的反差

资本是逐利的,资本市场的角逐,有时候就是一场没有硝烟的战争。CPA审计，不是老师检查学生的作业，更像是警犬去发现毒品，甚至去发现炸弹。

能够做到上市公司实际控制人的人，都是"人中龙凤"，智商和情商都是比较高的。这样的人如果故意造假，一定是精心策划，把关键的问题隐藏得不露痕迹。他们会高薪聘请法律、财务专家，以及公关高手，针对现行的法规准则，设计一个造假系统。俗语说，他们可以把假的"弄得像真的一样"，甚至比真的还要"真"。近年来爆雷的案例很多就是如此。年年都审计，一切都看似安好，隐藏的问题愈来愈多，只是时候不到，时候一到，假的再也无法掩盖，只能"引爆"。

CPA面对由一批"高手"布的局，怎么能没有压力？

与此同时，CPA的团队建设存在"瓶颈"问题。CPA面临的是责任和风险、投入和收益的反差，职业压力很大。同时，随着社会的发展，价值观取向多元化，个体的选择有了更多的可能。作为资本市场的"农民工"，不少有可能成为CPA精英的年轻人，耐不住艰辛，做不到坚守，一走了之，以致不少团队在建设过程中，达不到顶级的"作战能力"。现实中，具有注册会计师执业资格的，有一半不在执业的行列，就是最好的说明。

实务中，有一个奇怪的现象，面对一般的客户，审计服务竞争激烈，"杀"得一片红海；但是面对一些大的、综合的项目，事务所却依旧波澜不惊，总是那几家参与竞争。我所遇到的几位事务所首席合伙人感叹："一边是自己的客户被挖走，一边是自己去挖别人的客户。可有时候获得的新项目就是没有人做。为什么？能够做的团队来不及做。有时间做的团队拿不下来！"

只有具备超强能力的CPA团队，才能识破系统造假团队设下的迷宫陷阱。在这方面，能力的提升、团队的稳定，是一个亟须解决的问题。

那么，面对压力，CPA 如何自处？

首先，要树立正确的人生观和财富观，平静面对诱惑。

CPA 行业首先讲究的是责任和荣誉感。一个资深 CPA 一生中能够为数十家上市公司和数万亿资产提供鉴证服务，这是一种责任；由此推动社会和经济的发展，并获得社会认可，应该感到自豪。一位合格的 CPA 理应达到这样的境界。

要达到这一境界，CPA 必须树立正确的人生观和财富观。这个世界诱惑很多。CPA 面对的往往是成功的商人，财产动辄数十亿百亿。如果一次 IPO 成功，往往就有一笔巨额资产进入。CPA 辛辛苦苦，好像是"为他人作嫁衣裳"。没有正确的人生观和财富观，就会产生心理上的波动，有时会走上邪路。例如，在上市、重组、兼并条件未成熟的情况下，CPA 在财务数据上有"友情"处理的现象，CPA 也可能会得到一笔可观的报酬。CPA 必须明白，在当今的时代，没有一夜暴富的神话。所有通过不正当手段获取的巨大利益，最后断送的都是自己的前程。

历史早已证明，拥有巨额财富的人，多半是金融家和顶级的商人。他们的财富也是通过辛勤的汗水换来的。作为中介服务的 CPA，也只有通过自己的辛勤工作，不断积累，才能达到一定的财务自由。只有认清自己的位置，才能在工作中禁得起各种诱惑。

其次，面对强大对手，享受破解难题的艰难和快乐。

强大的对手会给 CPA 造成极大的压力。但如果辩证地看待对手，对手的强大正是提高 CPA 能力的机会。对手很弱小，战而胜之，并不会有太强的成就感。CPA要有把工作变成学习的心态,迎接挑战,遇强更强。

审计工作是一门实践的艺术,是实战的艺术。CPA需要服务不同的客户,对手也千差万别。当对手组成了一支强大的队伍,设计了一个天衣无缝的"天门阵"时,CPA"破阵"的能力不再局限于财务一个领域,而是体现为会计、法律、公关、组织人事等领域的综合能力。CPA只有不断总结经验与教训,才会突破自己、提升自己。实战的能力只有通过实战来提高。

实战的过程很曲折,有时候会感到无助,找不到突破口,压力很大。一旦突破,就会获益良多。学习—实践—总结—提升,形成一个良性的循环。我有这样的体会,当战胜一位强大的对手,完成一个艰巨的大项目时,原来的压力已是最大的动力,成就感会油然而生。有时我还会感谢像狼群一样的对手,正是强悍对手施加的压力,让我变得更强。

最后,正确认识法律的进步。

如何化解监管的"零容忍"、竞争的白热化所带来的压力,我认为CPA必须看清社会发展的大趋势。要知道,所有的秩序总是从相对无序走向相对有序。有些事情,前几年可以做,今天就未必可以做;今天可以做,明天就未必可以做。今天做了,可能收到警示函,明天做了,就有可能会被罚款,甚至坐牢。《审计准则》的不断修订,就是监管层对规则的不断完善。

CPA自身有发展的需求,在竞争的环境下,有些甚至是生存的需求。于是,为了更好地生存发展,获取更多的利益,有的CPA盲目承接客户,所谓"什么样的项目都敢做""什么样的要求都会想办法满足"，以侥幸心理看待隐藏的风险，以为这样才是缓解经营压力的办法，这种想法是极其危险的。

CPA 希望在风险可控的前提下迅速扩大业务量，实现自身财富的增长。其实，做大也好，做强也好，首要的一条是安全。一着不慎，倾家荡产，又怎么可能做大做强。

敬畏法律，不踩红线，不逾底线，这是 CPA 抵抗压力的基本原则。

这个世界，如果认真，有责任心，有担当，就有压力，与职业、年龄、性别无关。CPA 要有面对压力的勇气，更要学会破解压力、化压力为动力的技巧。

第 六 篇

他山之石可以攻玉

决断决定生死一线

——CPA 从外科医生那里得到的启示

手术出现意料之外的状况,如何决断? 底气来自何处?

CPA 与外科医生同理;处理的底气来自经验积累、技术支持、仁爱之心和可信赖的团队。

与几位外科医生朋友相聚,聊起职业的特点时发现,外科医生的一些理念,工作时候遇到的状况,与 CPA 颇有相似之处,值得 CPA 借鉴。下面是我整理的与他们交流的内容,结合工作经历,有所感悟,与大家分享。

1. 决断来自你的积累

CPA 项目负责人在审计重大项目时,常常会遇到审计计划中没有预料的问题,有时候还是重大的变化,如果应对不当,就会影响整个项目的顺利完成,甚至会造成审计失败。此时,能不能在最短的时间内找出问题的关键点,采取最简单有效的处理方式迅速解决问题,是对 CPA 能力和经验的极大考验。

CPA 在这个时候会比较纠结。然而,一位外科医生讲到医生纠结的时候,对我触动很深。这位医生朋友是这样说的:"一个外伤急诊病人,被抬上了手术台。病人腹腔盆腔大动脉大出血,打开腹腔一片血红,病人的血压测不出来,检测仪尖叫着报警,作为一个主刀医生,脑子里闪出 10 多处可能出血的地方,还有你认为可以采用的20 种止血的方法,而病人离鬼门关只有几分钟的时间,怎么办? 此时,你只能作一次选择,你的经验、决断就决定了这位病人的性命,连纠结的时间都没有。正确的选择,来自你多年的经验积累。"

退一步而言,预定的手术,同样充满变数。有些权威专家,尽管年纪大了,几个小时的大手术未必能够坚持下来。但是,很多病人还会要求专家坐镇手术现场指导,为什么? 一位心脏外科的主任医生说:"手术前准备再充分,手术台上也难免会遇到突发情况,打遭遇战,出现意外。处理不好,病人可能就下不了手术台。作为一个团队的核心,就要敢于决断。一个好的外科医生,能成为某个领域的专家,就是在关键时刻拿捏准确。"之所以在给病人做手术时要求专家坐镇,就是想在意外情况发生时,有一个权威而正确的决断。

尽管面对的客体不一样,场景不一样,作出判断的时间长短不一样,但面临考验的性质没有大的区别。一个好的CPA,往往就是在应对多种遭遇战的复杂情况下,作出正确选择,及时决断,逐步成长起来的。

不管是医生还是CPA,在关键时刻是无法逃避的。在这样的情形下,判断问题在哪里,靠的是你的经验;作出什么样的决断,靠的是你的底气。

那么,这个底气来自哪里?

2. 底气来自你的技术支持

十年寒窗为哪般？求得一生功与名。十年寒窗是基础。CPA 也有基础，训练、钻研、获得 CPA 的证书就是基础。外科医生的基础是什么？有着 20 多年手术经历的一位主任医生是这样说的："第一阶段是如何做，主要是训练外科手术技巧。这是基础，如果连这个也做不好，以后的就不要说了。"想想也是，手术以后，一般的病人常常会说："给我开刀的医生水平很高的。你看，刀口这么小，缝针几乎看不出来。不像我同事，和我一样的手术，那个伤口像河马的嘴，2 年了还肉嘟嘟的！"

有位外国朋友表示，中国的外科医生有着世界上顶级的手术水平，因为中国庞大的病人基数，使医生有很多的历练机会。据说同样的情况出现在非洲，那里医生少，医学院的学生毕业的时候，不少就已经会做腹腔手术。在 2020 年新冠肺炎疫情的救治中，上海援助武汉的 ICU 护士，在穿着三层防护服、戴着三层手套和护目镜的情况下，只需几秒钟完成给病人插管的全过程。她看见的只是一个不清晰的"镜像"，有人戏称类似"盲插"。这让我想起了庄子写的《庖丁解牛》的故事。屠夫拿一把薄薄的小刀，须臾间，把一头牛分解了。为什么这么牛？熟练！

而我在与国外的会计师事务所合作的过程中，感觉到国内 CPA 的基础技能与国外 CPA 相比，还是有一定的差距。一般的工作人员在凭证的获得、凭证的鉴别上总是慢半拍，缺乏那种第一时间作出正确判断的能力，在遵守流程、控制节奏等方面不够严谨。直白地说，这就是基本技能不够扎实。

掌握基本技能没有捷径,勤勉是必由之路。我们的 CPA 有一部分是非经济类专业的,尽管有 CPA 的资质,但毕竟基础理论和基础技能学习不够,训练不足,一定要补足这个短板。

医生朋友说了一个外国医生的观点:尽管中国医生的"刀功"很好,但是他们未必认同。据说某个国家的外科学院有 9 大训练指标,技术位列末尾。他们的理由是,真正的技术只是肌肉记忆,任何人包括屠夫在无数次重复同一个动作以后,都可以做得很漂亮。我不同意那位外国医生的观点,技术不是末尾,而是基础。一个外科手术医生,手术刀都用不利索,怎么能够成为专业翘楚,大概只会纸上谈兵吧。同样,一个连凭证鉴别梳理都不准确的 CPA,何谈成为一名审计高手,只能被淘汰。

有了基本的技术,未必能够成为更好的医生或者 CPA,但没有基本技术,是万万不能成为优秀医生和优秀 CPA 的。

3. 底气来自你的大脑

厚实的专业基础是必需的,但仅仅停留在专业基础上,在关键时刻是不能作出正确的决断的。在这点上,我同意一位英国血管外科主任的话:"技术最后都是脊髓反射,只有方案才是大脑反射。"

一名优秀的医生,或者是一名优秀的 CPA,不仅需要技术的条件反射,还需要一个能够预判风险和冷静的大脑。

CPA 在正式开始审计之前,需要制订一个科学的审计计划。外科医生在手术前,也需要制定一个手术方案。该方案不是技术决定的,是主刀医生或者团队核心依据病例和自己经验积累,作出理性的判断,换句话说,是经过大脑的深思熟虑决定的。所以,在确定方案的时候,不是依靠简单的技术,而是综合判断。一个肝部肿瘤的切除手术,就需要术前考虑:从哪里开始切,为什么;切多少,切多了怎么样,切少了怎么样;可能会遇到什么突发状况,应该怎么调整;需不需要其他科室的帮助;应该准备多少药物、血浆、急救器材等。

CPA 又何尝不是如此,面对不同的客户,我们同样需要一个尽可能周全的计划:在有限的信息状态下,安排什么样的人手;如何及时获取有效凭证,发现重大事项;在重要环节如何进行重点突破;遇到意外状况如何应对。

显然,经过深思熟虑,设想了各种可能的方案,才是周全的计划。同样,经过深思熟虑,当出现意外情况时,高明的外科医生才会在第一时间作出正确的决断。同理,CPA 在出现与计划不一致的情况的时候,其预案和经验积累显得更加重要。

4. 底气来自你的仁心

在交流中,我发现外科医生和 CPA 有一个共同的追求,那就是安全。

医生朋友有一段很有意思的话:"外科医生都有一个强迫症——预防风险,安全第一。"他特别解释道:"有些病人和家属一定要给医生红包,希望医生用心手术。其实,上了手术台,医生都是用心的。更不可能没有收到红包,手术就马马虎虎。医者仁心不能忘,最起码的职业底线不能突破。"

安全第一,首先是手术的安全,整个手术过程顺利,安全结束,哪怕术中有些曲折,病人被平安推出手术室就是成功。其次是术后安全,一般人不清楚,总以为手术结束,病人苏醒,就可以万事大吉。其实重大手术后的几天,病人很容易出现致命的术后反应,包括感染引起的各种并发症。因此,术后安全也是医生特别重视的。最后是医生个人良心或职业生涯的安全。医生的一个过错,就会给病人带来不必要的痛苦,甚至留下不必要的后遗症,有良心的医生会有遗憾和不安;如果医患关系紧张,医生就可能遭到投诉,严重的可能影响医生职业生涯的发展。

CPA 的初衷又何尝不是如此。只是相比较而言,CPA 考虑的安全不是针对一个病人,而是针对一个企业,一个企业的实际控制人和高管,还有企业成百上千,甚至上万的员工;CPA 考虑的是一批机构投资者,还有一大批二级市场的中小股东。在这里必须再次强调,CPA 接受客户公司的委托,审计财务状况,是为了公共利益,绝没有粉饰客户公司的义务。不粉饰是对客户公司最大的爱护,也是为了客户公司的安全。开始时的一个小舞弊,因为隐瞒,以致被当成习惯,最后酿成大案例,这样的案例已不鲜见。同样,审计工作结束,并不是对客户公司服务的结束,客户公司发布年报以后,各种舞弊案的爆发,与术后的并发症何其相似,CPA 的"复盘"和追踪一个也不能少。

严格的审计,就是 CPA 的仁心仁术。

外科医生追求安全,CPA 就是防范风险。

5. 底气来自你对团队的信任

意外情况下选择和决断的勇气,来自对自己团队的信任。一个团队能够达到什么样的高度,不仅仅在于核心人物的高度,有时候,风险来自这个团队最短的那个板块。这就是"木桶原理",一只木桶能够盛多少水,在于最短的那块板。外科手术除了主刀医生,还有副手、麻醉师、护士以及术后的恢复护理团队。那个最短的一块,可能引发整体的崩盘。

一些病人在做大手术的时候,喜欢选择在当地,甚至在全国排名靠前的医院。其实,这不仅仅是选择某位专家,也是选择某位专家和他的团队。在遇到突发情况时,决断是专家作出的,执行的却是整个团队。递器械是不是到位,擦汗是不是及时,麻醉师观察报告生命体征是不是准确清楚,凡此种种,都有可能影响手术的最终结果。一般而言,排名靠前的医院,不仅有高明的专家,还有一支久经沙场的团队。

同理,作为一个团队核心的 CPA,也需要有一支配合默契的团队。在项目进行过程中,遇到意外情况,CPA 作出决断后,需要整个团队密切协作,既要规避风险,完成整个项目,又要尽可能不拖延时间。所谓保质保量,按时完成,在工作顺利的情况下不难做到,而在遇到变化时,能够做到才是好手。

说到病人选择医院,其实客户对 CPA 及其会计师事务也是很挑剔的。客户也会查阅和了解事务所审计重大项目的成功案例、收费标准、社会声望和从业人员的口碑等。

一个团队的技术能力、协调合作能力,是团队核心自身行为引领形成的,甚至是核心个人品质的延伸。什么样的将军带出来什么样的兵。一个高明的 CPA,一定会打造出一个精干的团队。一个信得过的团队,才会有决断的底气。

技术、安全、预案、信任，是医生，也是 CPA 决断的底气。各项职业关注的具体内容不同，但从哲学高度来看，其理念是相通的。在特定有限的条件下，能够及时找到正确的解决方案，并且顺利完成，这是高明的 CPA，希望这样的 CPA 越来越多。

由宠物犬、猎狗、猎手想到的

"狐狸再狡猾，也斗不过好猎手。"

能力、经验是猎手的，也是 CPA 的立身根本。

时刻提防"反杀"的风险。

不知道从什么时候开始，养狗的人多了起来。小区、街道，到处可以看到撒尿拉屎的狗狗，有的小巧可爱，有的则高大威猛。每当看见那些想要奔跑跳跃的狗狗被主人紧紧拉住，它们很不甘心地在原地打转时，我就想，这只狗狗原来是干什么的？

后来我认识了一位朋友，他是专业养狗人士。我从他那里知道，大部分狗狗，原来都是工作犬。有看家护院的，我们本土的很多狗就是这样，有人来了，狂吠一通，告诉主人；有帮助人放牧的，如牧羊犬等；还有就是猎犬，如现在很多人爱养的贵宾犬，祖先是欧洲的水猎犬，猎人击杀了水鸟，那水鸟掉落在沼泽、湖泊、小河里，贵宾犬负责去找回来。而现在城市里的贵宾犬，完全沦为主人脚边卖萌撒娇的宠物犬。

说到狗狗，朋友问我，喜欢什么样的犬。我想，我还是喜欢猎犬。很多男孩都有一个打猎的梦想。草原上、森林里，背着猎枪、牵着猎狗，追逐兔子、狐狸、鹿，还有野猪。据说肯尼亚的马赛人，男孩长大后想要成为被部落大众承认的真正男人,必须要单独猎杀一头狮子。每当成人礼来临的时候,他们会拿上佩刀、长矛和马赛棍,孤身前往茫茫草原寻找狮子。传说马赛人居住的地方,附近草原上的狮子都产生了特异的进化,一闻到马赛人的味道就望风而逃。

现在,打猎是一件非常奢侈的事情了,欧美的富豪需花费大额费用,才能获得一次在非洲撒野猎取狮子或野牛的配额,狩猎永远留在人类的基因里。

现实生活中,有很多关于打猎的俗语。比如,"狐狸再狡猾,也斗不过好猎手。""像狗鼻子一样灵,嗅到味道了。"其实,执业会计师也好比猎手,只是猎物不是狐狸、野兔和狗熊,而是错误的财务信息。完成审计工作也需要有猎犬的嗅觉,财务的虚假信息到底是马、鹿还是野兔,要能够嗅出来。

于是,我对猎手、猎犬和猎物作了一些研究,有几点感悟。

有打猎经历的人不少,但要成为一位被人佩服的好猎手不容易,需要具备一定的条件,或者说,有几个重要的特征:

第一,超强的学习能力。打猎需要综合能力,如对气候的判断,了解下雨、刮风和风向的变换。野兔、狐狸有不同的觅食和逃跑方式,胆小的狍子和莽撞的野猪对待猎犬的追踪有不同的对应方法。这种能力还包括怎样训练猎犬,从猎犬的不同行为判断其是不是在状态。同样的季节、同样的环境,有的猎手出猎满载而归,有的则收获不多。有的打了一辈子猎,还是一个普通的猎人,有的年轻时就是远近闻名的好猎手。综上所述,学习能力是一个重要因素。

第二,技能的训练。要成为好猎手,需要有基本的技能。首先是身体素质。马赛人很瘦,看上去肌肉不发达,但身体内脂肪很少,善于奔跑,这让他们在猎狮的时候能迅速进攻。他们擅长一击而中,躲避危险时也同样行动敏捷。其次是射击水平。猎枪不是冲锋枪,一般也就两发子弹,如果射击不准,轻则猎物跑掉,重则猎人会有生命危险。

技能和学习是成为好猎手的一个硬币的两个面。学习是学习知识,技能是把知识应用到现实中形成的能力。当然,这个技能的训练,有的是自觉的,有的则是生活的积累。

第三,总结经验,汲取教训。知识学习和技能的训练,应用到实践中,会有成功和失败。我们把实践成功的案例称为经验,失败的案例称为教训。要成为一个好猎手,必须善于总结经验和教训。某天,5 条猎犬、3 发子弹,打到了一头 300 斤的野猪,是一次成功的狩猎。某天,7 条猎犬、2 个人,用了 6 发子弹,一头 300 斤的野猪还是逃脱了,这是一次不成功的狩猎。为什么?

记得毛泽东在《中国革命战争的战略问题》中有句名言:"读书是学习,使用也是学习,而且是更重要的学习。"每一次狩猎,本质上是实践。但是,要善于总结,每一次实践都是一次学习。经验和教训使得我们成长。

第四,知道自己的弱项和短板,发扬自己的长处。自然界的万物有各自的生存之道,也有各自躲避危险的"绝招"。一个猎人,大概只能擅长猎杀某几种猎物。由于环境不同、生存状态不同,狩猎也有区域性的差异。比如,南方多是猎兔,猎野猪,猎飞禽;北方多是猎狍子,猎鹿,也有猎熊的。无论南北,猎虎的大概都是偶然事件。好猎手大都是有特色的,一个猎人,不可能对所有猎物都手到擒来。一位朋友说,他曾经认识一位老人,一生专猎黄鼬,就是俗称的黄鼠狼。这位猎手对黄鼬的习性有深入的研究,在不同情况下会采取最合适的手段和方式狩猎。黄鼬的皮是不错的皮草原料,俗称"黄狼皮"。后来,黄鼬的数量少了,这位猎人还专门写过介绍黄鼬的科普文章和小故事,所谓术业有专攻。

好猎手的学习能力、技能的训练、经验的积累,使其成为捕猎高手。说到这里,不由得想到自己的本行。一位优秀的执业会计师同样需要具备一定的学习能力、技能培训和实践经验。如果说,猎手还可以有猎犬辅助,依靠猎犬来发现猎物,追踪追逐猎物,那么,执业会计师则整合了猎犬和猎手的功能,善于发现"猎物",追踪"猎物",然后用最合理的方法手段处置"猎物"。

一位有打猎经历的朋友说,打猎还是一个风险比较高的活动。猎食草动物或飞禽,主要是了解地形,注意沟沟坎坎和河汊。而猎熊、猎狼、猎野猪,则一定要注意别被猎物反杀。

动物界的猎食和反杀总是存在,相信很多人看到过这样的视频。一个非洲狮群猎杀野牛,野牛已经被几头狮子咬住,眼看就要成为狮群的盘中餐,不料,这牛突然牛性大发。几头公牛过来,一头母狮前去拦截,却被公牛直接顶上空中,又被牛角挑起,如此几下,这头狮子就此倒地不起。群狮无奈退却,地上只剩下那头倒霉的母狮。

辩证法告诉我们,矛盾对立双方的强弱会随着条件的变化而转化。自然界猎手和猎物的角色转化,是出于动物的本能。

CPA 也要注意角色的转化。

在审计过程中,自保和防范风险始终是重中之重。尤其是当发现某些重大问题的蛛丝马迹的时候,往往牵涉重大利益,特别要注意被恶意公司"反杀"。当然,猎物和客户公司是有差别的。一种状态是 CPA 和客户公司共同把错误信息当猎物,联手完成审计项目;另一种状态是客户公司本身就有意作假,本身就是 CPA 要寻找的猎物。CPA 的一项重要能力就是能够敏锐地发现这两种差别。

　　CPA 应了解猎物、发现猎物、捕获猎物,把自己培养成为好猎手。

中医诊治理念对 CPA 的启发

中医有其独特的理论体系。新冠肺炎疫情提高了中医的社会地位。

"望闻问切"的神奇,在于蕴含了"整体论"的精华,是透过表象看实质的典型体现。

CPA 需要借鉴我们这一古老经验,审计需要"辨证施治"。

2020 年的春天,因为新冠肺炎疫情,网络上对中医的关注度高了起来。一段时间里,各种经纯中医治疗,轻症转重症为零,死亡率为零,医护人员感染为零等信息纷至沓来,一些大众原来不知道的中医师频频出现在各类媒体上。我也不能免俗,专门了解了一下中医和相关消息。说实话,对一些把中医奉为包治百病的中医迷的说法,我不敢苟同。但是,中医的全息论、整体观和辨证施治的理念和方法,我非常敬佩。这与我一向认为 CPA 要学点系统论、信息论和控制论的观点不谋而合。

1. 中医首要的理念,就是整体性观点

中医从来不是把人体看作一个个零部件组装起来的机器,而是把

人看作一个整体。人体的骨骼、肌肉、脂肪、血液、津液、皮肤等有形物质和眼耳鼻舌身、五脏六腑等各个有形的器官和脏器，以及无形的气和经络体系，形成了一个组织精妙、运行高效的人体生命系统。这个系统以阴阳为基础，以五行生克为机制，各司其职，有序运行。这个整体观与中国传统的宇宙观一脉相承，"道生一，一生二，二生三，三生万物。"人体也是一个小宇宙。天地有阴阳：黑夜与白天。人体内也有阴阳之分：五脏为阴，六腑为阳。天地有五行：木火土金水，相生相克。人体有五脏：肝心脾肺肾，也是相生相克。宇宙是一个整体，整体内各个星体相互联系，靠着各自奇妙的能量、引力相斥相吸，在各自的空间和轨道上运行，同时影响着生活在星球上的一切生命体。人体也一样，五脏六腑相互联系，各司其职。任何一个脏腑出现异常，不能正常运转，一定会影响其他脏腑的正常运转，最终出现阴阳失衡，疾患由此而来。而且人体的五脏六腑身在体内，但都与外部可见的五官、面色、脉象等相对应，人体自身内外紧密联系，互为一体。所以，人面色的潮红或泛黄，舌苔薄白或黄腻，喘气的粗重或迟缓，脉搏的速缓等，每一个现象都与身体息息相关。

同理，我联想到 CPA 的工作，通常是对客户（一家企业、公司）编制的某一时期的经营情况的财务报表做一体检，对照标准出具一份体检报告，供相关者使用。客户公司也是一个系统，它的财务状况和经营业绩也是系统内各个部门、各类人员各司其职、相互协助、相互制约、共同完成，以财务报告的形式呈现。我们也应借鉴中医的理念，用整体观、系统论的观念来指导我们的审计工作。

中医的基本理论基础是在阴阳平衡，五行生克基础上展开的。一般公司编制的财务报表，是借贷（阴阳）相等，在资产、负债、收入、成本、费用等要素相互钩稽的基础上，依照相关的核算准则，归类统计形成的。有借必有贷，借贷必相等的基本核算原则，必然会使财务报表中的各要素相互联系，整体相关，牵一发而动全身。

2. 整体观产生了"望、闻、问、切"的诊断法

在中医整体观念的基础上，产生了传统中医的诊断方法是"望、闻、问、切"，也叫作"四诊"。望，指观察病人的身体、五官、面色、舌苔、表情、气色等，初步判断病人五脏六腑的健康状况；闻，指听病人的说话语气、声音、咳嗽、喘息，并且嗅出病人的口臭、体臭、甚至大便等气味，以感知病人五脏六腑的健康状况；问，询问病人自己所感到的症状，以前所患过的病，以及家族的病史等，以追根溯源，验证前面对病人身体状况的判断；切，指用手诊脉，通过脉象或用手按压身体的某些部位进一步探知病人的五脏六腑有没有异常。

同理，CPA 的系统论，引申到审计工作中，也应该有一个"自外而内"的审计思路，也有我们特有的"望、闻、问、切"审计诊断方法。

我们的审计项目、客户公司，及其生态系统就是一个整体。这个整体性包含了内部的整体关联和外部的整体关联。内部的整体关联体现为，历年的资产、负债、营收、利润情况，重大决策的执行情况，内部控制制度的执行情况，是否有掩盖失误等，这些情况都会通过财务信息表现出来。外部的整体关联则体现为，是否有重组并购的交易、对赌协议的压力、关联公司的互相牵制、行业的景气度，甚至整个社会的经济环境影响等。

所以，CPA 的"望"，就是先了解现今整个国家乃至全球的宏观经

济情况,是高速发展、稳步发展,还是经济萎缩? 经济环境是宽松还是紧缩? 然后了解客户公司所处行业的发展周期和景气度如何,是新兴行业、传统行业、朝阳行业、成熟行业,还是夕阳行业? 应了解同行业的经营情况,客户公司所处行业的地位、市场情况、产品结构、公司优势、公司毛利率情况等。"望",对内就是获取客户公司的财务报表,分析其两三年财务报表科目的变动情况,对变动较大的科目予以重点关注;同时对占资产、负债、收入、成本、费用较大比重的报表科目予以重点关注;根据财务报表之间以及财务报表各科目之间的勾稽关系,初步分析报表数据的合理性。

CPA 的"闻",就是关注客户公司在各类媒体的新闻报道,以及通过企查查等渠道查询公司的对外投资情况或是否有诉讼等,以印证客户的实际财务状况和经营情况。

CPA 的"问",就是要与客户公司的股东、管理层及相关部门的实际负责人和经办人,比如公司实际控制人、总经理以及销售经理、人事部、生产部、采购部、财务部等部门的各类人员进行交流,以便了解公司的全貌,并且相互印证。

CPA 的"切",就是具体抽查客户公司的账簿、记账凭证和原始凭证,以获取充足的审计证据。

这也是 CPA 自外而内、自上而下的审计思路。

3. 孤立看问题引发的教训

CPA 若具备上述由中医整体观引申而来的审计思路和审计方法,就可以避免审计失败。

A 股史上最大的"康美药业"财务造假案就是一个很典型的例子。2019 年 4 月 28 日,康美药业股份有限公司第八届董事会第二次会议审议通过了《关于前期会计差错更正的议案》,其中 2017 年年报货币资金多计 299.44 亿元,营业收入多计 88.98 亿元,营业成本多计 76.62 亿元。根据证监会立案调查结果:康美药业 2016 年年报虚增货币资金 225.8 亿元,2017 年年报虚增货币资金 299.14 亿元,2018 年半年报虚增货币资金 361.9 亿元。营业收入、营业成本、应收账款和存货虚增;固定资产、在建工程也相应虚增。

如此巨大的错报,在 2018 年的年报审计中爆出。如果 CPA 具备上述从中医整体观引申出的审计整体观下的"望、闻、问、切"的审计思路,由外而内,从报表分析入手,确定重点审计科目,找出有重大疑惑之处,不断获取证据,消除疑惑,也许是可以及时发现问题的。

比如,该公司货币资金年末余额持续几百亿元,银行借款年末余额也有几十亿甚至上百亿,财务费用几个亿,显然很不合理。另外年末余额几亿、几十亿的应收账款、预付账款、应付账款和一百多亿元的存货也是重点审计科目,并且有明显的不合理之处,本应依法严格按程序审计,可惜,上述事项并未引起 CPA 的足够重视。

早些年的胜景山河公司发行上市审计,如果 CPA 能够自外而内,亲自到各超市、各烟酒专卖店看看,就可以了解该公司生产的酒类产品的市场销售情况,然后与该公司报表反映的数据进行核对,看是否符合。可惜当时的 CPA 只是看报表和账簿资料,没有进行深入的市场调研,未能发现公司的虚假销售情况。

4. "辨证施治"是科学的解决方案

辨证,就是一个辨别认证的过程,即把望、闻、问、切这"四诊"所收集的信息,通过分析、综合,辨清疾病的部位、原因、性质,以及相互之间的关系,然后得出疾病的诊断。"施治",即根据辨证的结果,确定相应的治疗方法。

辨证很有意思,同样的一个外部症候的表现,比如气虚,中医诊断会有阴虚阳虚之分,开出的药方有很大不同;不一样的病症,厌食或贪吃,会开出基本相同的药方。甚至同样的病,同样的症状,瘦人和胖人的药方也不一样。所以,中医有异病同治,同病异治;冬病夏治,夏病冬治等说法。

在 CPA 的实务中,也会有同样的问题,即同样一个现象,发生在不同的公司,原因却不一样。记得有一次,有位刚入职的审计人员问:"为什么这两家公司都是高估收入,老师你看到的是不一样的问题?"我告诉他:"A 公司的原因很简单,高估收入,虚增盈利,目的是粉饰年报。B 公司不一样,不需要粉饰年报,高估收入为的是给关联公司输送利益。至于为什么要粉饰年报,如何粉饰的;为什么要输送利益,如何输送,那就需要我们去搞清楚。"

中医诊断人体是否健康主要看其气血是否顺畅充足,人的气血顺畅充足,若非意外原因就可以健康长寿。同样,CPA 对客户公司的体检也要看其"气血"是否顺畅充足,公司的"气"就是公司的核心竞争力,是公司以实际控制人或董事长、总经理为舵手的团队素质,产品结构,产品质量以及公司内部管理控制制度的建设和实施等;公司的"血"就是公司的现金流,尤其是经营性现金流。只有"气"足并能运行顺畅之后,不断产生新鲜的"血",让公司整体运行良好,才能可持续发展。

5. 好的中医从来不是简单"熬"成的

其实,不是每个老中医都能通过"四诊",就能一下子正确施治的。我曾与一位熟知中医历史的老先生交流,他告诉我:"医书、医案都在那里。拜了老师,读了书,背了各种'歌诀',未必能够成为一个好医生。要成为一个好的中医,第一是认真,认真读经典,认真对待每一位病人。第二是有一位好老师,关键时刻有人指点迷津。第三是经验,病例接触多了,见多识广,自然就会辨别。这是成为一名好中医的三个基本条件。要再提高,就要看一个人的'悟性'和造化了。比如张仲景,就是因为汉末瘟疫盛行,他家族中两百余口人几年里罹患伤寒去世者达三分之一。后张仲景发愤钻研,写出了《伤寒杂病论》,被后人尊为'医圣'。"

老先生的话意味深长。联想到 CPA,应从以下几方面考察:是不是具备了认真的品格,认真学习,认真对待每一个项目;是不是善于从前辈或者同仁那里学到他们的长处;是不是善于总结自己或者他人的经验教训。

CPA 工作的季节性很强,有点类似农民种地,有"农忙"和"农闲"之分。忙的时候,一个项目接着一个项目,根本没有时间好好梳理和总结工作内容。空闲下来以后,有些人就像高考结束后的高中生,把课本扔了,寻求彻底放松,可能很长一段时间不碰专业的东西。我认为,"文武之道,一张一弛",忙季过后,放松一下是应该的,陪陪家人,旅游度假，人之常情。但张弛还是要有度，如果你想成为一个优秀的CPA，应利用这段时间，好好总结一下完成的项目：哪些是遇到的新问题，哪些是过程和计划不合拍的，哪些问题是自己预估简单化了，等等。学会梳理总结，实践经验就会深深烙在你的脑海里，逐步成为你的本领。以后，一旦遇到相同或相似信息的刺激，你就会迅速联想到可能出现的问题。就好比扁鹊能一眼看出齐桓公的病，我们CPA可能达不到这个境界，但也要做到根据有限的信息，大致判断出这个项目的难易程度，风险指数有多大，然后依据初步的判断，制订审计计划，确认重大事项。实务中，一些CPA也有老中医般的"法眼"，只要初步接触项目的基本资料，就能从外围的数据中大概判断出哪些环节需要重点关注。

中国经济处于一个发展优化的过程中，整个审计行业现在处于一个发展期，这就给了CPA很大的上升空间。应把个人的发展作为一个整体来考虑，如果你不把CPA当作自己的终身职业，那就另当别论。如果你三五年内不会离开这个行业，就得好好努力。当与你一起进入这个行业的同事能够接到一个个大项目，圆满完成，并受到客户和同行的称赞与尊敬时，如果你还在原地踏步，岂不辜负了大好年华。

据说，好的中医不仅能够通过望闻问切诊断病人的身体状况，甚至能够推测出病人的籍贯、经济状况、从事的行业等。CPA也可以学习借鉴中医的整体观和辩证观，运用专业能力，结合个人经验，在接触一个新的项目和客户的时候，用最少的时间准确发现项目的关键点，了解客户公司管理层的真实意图，更好地完成项目。

足球与 CPA 的交融之道

团队的重要性不容置疑。

不同的位置需要不同的人才。球星和非球星的关系要处理好。

战略目标和战术指导缺一不可。

注意"士气"和责任心。

足球是我最喜欢的运动,少时踢球,年长后看球。踢球、看球多了,对足球自然有不少心得。做 CPA 是我一生的职业,年轻时我靠它养家糊口,年长后靠它安身立命。天天与审计打交道,我也品尝了个中的甜酸苦辣。原本足球与 CPA 是八竿子打不着的,但有一天看完一场英超足球比赛,人有些兴奋,思绪有点膨胀,忽然脑洞大开,觉得足球与 CPA 有着不少的交融之道。事后,虽感觉自己的思路发散得有点离谱,但仔细推敲,足球和 CPA 确有不少的相通点。因此,我对两者的认识完成了从离谱到靠谱的一个闭环。不信,列出我的理由 ABC,有兴趣的看客不妨一读。

足球是一项需要团队共同努力的运动,一支球队 11 个人,从守门员到后卫、中前卫、前锋,再加教练班子,少一个人就难以组成一个完整的球队。做 CPA 也同样如此,光有合伙人,没有业务经理、项目经理、审计人员以及风险控制等配套人员,也做不好一个审计项目。一支球队分工明确、各司其职、各尽其责,是踢球必须遵守的法则。在一支球队中,前锋的主要工作是负责进球,中后卫的主要工作是负责防守,守门员则是保证球队不被进球的最后一道关口。在审计工作中,审计人员和项目经理是在一线冲锋陷阵的人员,而业务经理和合伙人则是控制审计风险负责报告安全的人员。每一个位置的人员都做好本职工作,无论踢球还是做审计就成功了一半。否则,要么被对手击败,要么同伴间扯皮,左手打右手,都会落入事倍功半的窘境。

在一支球队中,球星不可缺少,但没有一支球队能做到全员都是大牌球星。豪门球队巴萨、皇马也并非全部由球星组成。一支球队全是梅西或 C 罗这样的球星队员,也未必能踢好球。球星多了容易不听队长或教练指挥,球星云集的巴西队在近两届世界杯中都没能夺得冠军,或是因为球星受伤,或是因为球星之间没有很好地协作配合。做审计也是如此,一个审计项目中,合伙人、业务经理、项目经理宜少不宜多,第一线的业务骨干也不宜过多,过多容易互相推诿,不利于以一个声音对外,也不利于整合审计资源,从而得出权威的审计结论。

踢球往往需要在开始前做一些战略战术的研究和部署,如针对对手的球队风格和人员实力情况进行了解、分析,制定相应的战术。可以采用 442 或 433 的阵型,也可以采用 532 或 541 的阵型。总之,做一些事前的战略战术布置,是每支球队必须要做的功课,不打无准备之战,是每支球队取得胜利的重要保证。对 CPA 来说,审计计划相当于球队的战前战略战术研究。CPA 要根据被审计单位情况,制订一个完整的审计计划,列出哪些属于重点审计方向,哪些属于应该被关注的要点,并以此配备人员和审计力量。对于审计内容,应事前就做到心中有数,全面把控,如此才能防止审计失败。

踢球时，了解对手的情况，不外乎掌握对手的历史战绩、球队风格、本场比赛前对手积分情况、伤病情况、红黄牌情况等具体信息。有了这些信息，就可以对症下药，确定自己的战术体系。这和做审计项目前的符合性测试有些类似，即对客户单位的工商注册资本、实收资本、历史业绩、各类合同的合规、合法性进行测试分析，从而做出审计重点的安排。而足球场上一旦开战，往往会先安排球员进行试探性进攻，寻找对手防守的薄弱环节和致命弱点，从而有针对性地向对手展开攻击。在审计中，也是需要通过各种手段，如对货币资金采用银行对账单，对应收账款采用询证函的方法，来了解被审计单位的货币资金、应收账款的真实性。比如，对存货采用盘点的方法，可以获取存货资产的真实性。实质性测试有点像足球场上球员间身体接触硬对硬的碰撞。碰撞之后，才知道对方"几斤几两"。

对球场上系统性崩盘风险的控制，是一个好教练和好球队必须重点把握的，如一支球队在领先对手并掌控球场局面时，突遇一个乌龙进球或因其他意外被进球，本方球队士气会遭遇打击。此外，在进攻时，突遇本方主力球员受伤失去进攻能力，也会让本方球队面临困境。此时，如何防止系统性崩盘、再被对手进球反超比分便是控制赛场系统性风险的重点。教练或许要通过本方球员调整等办法，渡过暂时性的难关，防止因士气低落而出现崩盘风险，这点尤为重要。审计中也会出现审计工作按计划进展顺利，但突然出现一些意想不到的困难的情况，如主审人员生病或离职，被审单位有意隐瞒资料、不提供真实有效的信息，甚至有意或无意地设置一些审计障碍等。此时，审计人员应处乱不惊、冷静应对，或配备新的人员，或更改审计计划，与被审单位进行积极有效的沟通，直到最后出具审计报告，完成审计任务。

　　足球场上，球员的自信和士气往往影响比赛的过程和结果。在2002年世界杯足球赛中，韩国足球队在主场作战气势如虹，连克意大利、西班牙等传统强队。2016年法国欧洲杯，名不见经传的冰岛足球队虽无大牌球星，居然一场比一场踢得精彩，闯入欧洲前八，创造了又一个"黑八"奇迹。做审计同样如此，当今CPA行业人才流动频繁，CPA跳槽现象司空见惯。有时一个项目做到一半，项目经理可能临时起意跳槽，此时，我们可以很自信地大胆培养新人，把有潜质的审计员提拔上来。合伙人应运用好必要的风险控制措施，同时对新人进行适当的指导，提高团队的自信心。经过一段时间的磨炼，新人完全可以胜任新的重要岗位。

　　每个赛季结束，无论是排名靠前还是靠后的足球队，都会有一个总结，盘点本赛季球队的输赢得失，对球队的赢输球场次、进失球数量进行统计，以便下一赛季再战时，提高球队的竞技水平。做审计也是如此，完成一个审计项目之后，需要做一个审计小结，小结内容包括但不限于：在审计中哪些程序做到了位，哪些审计作了替代程序，哪些审计结论有充足的审计依据，哪些审计结论还需要补充材料，特别是对期后事项的记录和后续关注也是非常重要的内容。总结还可以弥补审计过程中因时间紧张而遗漏的某些审计环节，同时完善审计依据。此外，对审计底稿的整理和归档，也是在审计项目完成后必须做的一项具体工作，是进行审计小结的不可或缺的部分。就像每场足球比赛评出最佳球员一样，在年报审计中，对工作认真负责、有突出贡献的员工进行必要的奖励，也是总结的内容。

　　作为职业足球运动员和CPA，都需要过硬的技术本领。"没有金刚钻，不揽瓷器活。"在足球场上，高超的球技是攻城拔寨取得进球或防守固若金汤的保证。在审计实践中,CPA作为"经济警察",如果没有过硬的审计本领,没有洞察会计舞弊的火眼金睛,就无法保证审计的准确性。当然,无论是球员还是审计人员,除了高超的本领,责任心也是必不可少的。没有责任心,即便技术水平一流,也无济于事。没有了责任心,技术水平无法很好地转化为效率和结果,甚至会适得其反,成为球队或团队的"毒瘤"。所以,提高责任意识是职业球员或职业注册会计师的第一要务。

足球是圆的,存在诸多不确定性;审计准则是规则,是方的,是刚性的。但它们有一个共同点,都需要人去执行,事在人为。应在不确定性中寻找确定性,在规则中寻找非规则的东西。如何把握其平衡点,要看每个人的悟性,有了悟性,就能要圆能圆,要方能方,达到天圆地方的境界。踢球和做审计看似不搭界,相距甚远,但道理是相通的。生活中这样隔行隔山不隔理的案例很多,踢球与CPA的交融之道,只是沧海一粟。

德州扑克的启示

德州扑克是游戏,基本规则简单,过程却不简单,与 CPA 的工作有相通的原理。

打牌"打"的是人,认识自己,认识对手都很重要。

阅读比赛,懂得放弃,是控制风险的重要环节。

德州扑克是目前世界上最流行的扑克游戏,全世界有各种类型的比赛,如 WSOP、WPT、EPT、GPL 等。不同的比赛衍生出不同的玩法,丰富多变,吸引了众多爱好者参与。CPA 中也有不少人喜欢这个游戏,闲暇时分,凑到一起,玩上几个小时。那种竞技博弈带来的愉悦,既能激发斗志,又能锻炼脑力,还能放松精神。只要不沉湎其中,德州扑克确实是一款好游戏。

德州扑克有个最大的特点,即基本规则很简单,一般人半个小时就可学会规则。然而,貌似"简单",却会在高水平的游戏中,演变成异常复杂的博弈过程。因此,有人说:"德州扑克是一种半小时学会,一辈子也很难掌握的游戏。"我把这种游戏概括为"简单的规则,复杂的过程,未知的结果"。

玩德州扑克,我有几点体会:一是讲究规则,掌握技术,认识自己;二是读懂牌局,有知进退的定力,主动规避风险;三是看清对手企图的洞察力,不怕对手使"诈"。这几个要点对 CPA 的执业也有很大的启发。

1. 尊重规则,认清自己

首先是尊重规则。要彻底弄明白游戏的基本规则,并严格遵守。

德州扑克的基本规则比较简单,正是由于简单,每一场比赛,甚至每一次游戏,都会因为主办者的不同目标而制定不同的规则。亲朋好友相聚,也因参与者的不同,有不同的规则约定。弄清楚规则,是参与比赛取得好名次的基本要求;亲友之间也要避免争议,让大家玩得开心。德州扑克比赛也发生过各种不确定的奇闻轶事。有一年在拉斯维加斯的 WSOP 赛场上,法国女牌手 Denis 的一手牌是两个 A,就因为一次失误,被荷官收走了 AA。当时翻牌前对手加注,Denis 是短码,她选择全下。而荷官却收走了 Denis 的 AA,理由是不经意间,Denis 的手牌被她推过了黄线。这时候裁判也过来了,即便 Denis 很不爽,想要把牌拿回来,但裁判说规矩就是规矩,按照赛事手册里的规定,她的牌已算作废。

参与 WSOP 比赛的都是久经沙场的老手,但老手忽视了规则,也会马失前蹄。所以尊重规则是一条硬道理。CPA 同样如此,准则犹如底线,不能自以为是老资格,就可以不当回事,更不能因为自己经验丰富,可在灰色地带游走。凡是玩弄规则的,不论是有意还是无意,到最后都没有好的结果。

其次是认识自己的实力,有多大的实力参与多大的牌局。

所有的牌局,最后的支撑是你的实力。这个实力有两个方面:一是你的技术能力,二是你的经济实力。一般而言,在世界各类精英比赛中,输赢当然有积分和奖金的区别,但更多的是荣誉之战,对技术的要求更高一点,换言之,更能体现技术水平。不少经典之战就来自这样的比赛。而在一般的赌局上,经济实力往往对牌力有正相关的加持作用。简单地说,在理论上可以博弈的牌局出现时,牌手的筹码不足,就有可能采取保守战法,谨小慎微,不敢下注,结果是错失取胜的良机。

德州扑克有一个基本原理,一局失利,甚至连续失利,并不代表终局失利。连续多局的失利,只要牌手的筹码足够,有时候只要一局反转,就可能转败为胜。所以,经济实力的支撑很重要,可谓"手中有粮,心中不慌"。

CPA 所在的事务所有大有小,团队也有各自的特长和短板。因此,CPA 必须对自己团队的能力有一个清醒的认识,好比牌局上的牌手,有多大的能力,有多大的实力参与多大的局。"小马拉大车",心中无底,事倍功半不说,有时候还可能会翻车。

2. 读懂牌局,学会放弃

任何一种牌局都有其牌理,德州扑克也不例外。52 张牌是一个闭环,大小、花色有一种概率上的分布。根据手牌、明牌,各个牌手在不同轮次的投注、叫牌、弃牌、跟注和过牌的情况,高明的牌手能够从概率的角度分析,对牌的分布作出大致准确的判断,这就是读懂牌局。然后根据自己对牌局的判断,决定自己的行为。

读懂牌局,就是要知进退,学会放弃。牌局中,出现一个"通杀"一切大牌的概率几乎为零。任何一手貌似大牌的后面，可能存在一手更大的牌。那么，在行牌过程中，综合牌局的进程，在不确定因素增大的情况下，放弃是明智的选择。放弃不是在手牌很小，和明牌组合也不佳，几乎没有获胜可能的状态下的弃牌，这是一种被动的放弃。我讲的放弃，是在有一定的获胜可能，但不确定因素太多的时候，主动选择的放弃。

放弃常常会被认为是一种消极的办法，因为有些放弃最后被验证与判断相反。这时候，不应该对放弃的选择有所怀疑。整个牌局不在于一副牌的胜负，放弃意味着不在于一城一地的得失，而是避免陷入不可知的陷阱。说到底，放弃就是规避风险。

德州扑克的行牌过程与 CPA 的风险控制过程有着惊人的相似。所有的博弈都是在风险和收益之间作出选择。学会放弃，可能会失去一些机会，但可以有实力去选择更好的机会。CPA 可以选择客户，对先天发育不良，后天需要大量的成本投入，以后并不一定能良性成长的客户，学会放弃是最好的选择。我们不能因为区区小利将自己的职业生涯压上去，那会输得很惨，从这点上说，德州扑克确实跟审计有相似之处。

在放弃与否的选择上，关键是读懂运势。德州扑克需要的是你能够正确地阅读牌局的运势，得出正确的判断；CPA 的审计需要的是能够阅读项目和客户，判断其收益和成本，以及未来的各种可能性。

3. 要有定力，能控制情绪

玩德州扑克，有一个奇怪的现象，有一些牌手在牌桌下，说起牌理、判断、概率、计算头头是道,但上了牌桌,少有胜绩。我的观察是,这类牌手往往在顺风时计算冷静,发挥正常,甚至超水平发挥。一旦一副牌失利,或者几手牌不顺,就会患得患失。这样的牌手,做教练,或者说做牌局的解说,一定很精彩;要做牌手,还要历练。

我遇到好几位这样的牌手。在初始阶段,或者中期,他们因为屡次失利,特别是该拿下的放弃了,在手牌大大占优的情况下,和牌的时候被对手逆袭。于是他们情绪上大受影响,往往容易被某些外在的因素干扰,思路被对手牵制:有的行牌变得谨小慎微,轻易被对手施展的小伎俩迷惑,有机会赢牌的却被引诱弃牌;有的急躁冒进,激进冲动,企图以小博大,能够赢的概率很小也敢于下注,失去风险防范意识,造成牌局失控,甚至感叹牌运不济,丧失斗志,最后一败涂地。

牌手要知道,某一个环节领先并不代表最终领先,牌局开始一路领先者未必是最后的赢家,只要一把出错就前功尽弃。而开始落后者最需要的是定力,抓住一个轮次,就可能扭转局面,反败为胜。这也许就是德州扑克吸引人的地方。

CPA 的工作常常也会出现开局不顺的局面。客户高价聘请了许多业内高手来为其出谋划策,制定了应对 CPA 的审计策略,组成一个"铁桶阵",让审计人员无从下手。此时,经验不老到的 CPA 会陷入被动,低头忙于制作底稿,希望能够找到暴露真实财务信息的切入点,特别是在沟通不畅的情况下,CPA 忙死累死,有种"哑巴吃黄连,有苦说不出"的挫败感。

此刻,CPA 一定要有定力,要保持清醒的头脑,不被困难所左右,不能有畏难情绪,也不能有急躁的心态。CPA 要有信心,有底气,相信自己的专业能力和职业判断。德州扑克有其内在规律和逻辑,财务信息也有其内在规律和逻辑。应坚信有交易就有痕迹,按照既定程序,在把握原则的基础上,适度灵活地运用多种手段,抽丝剥茧,找出核心问题,打破"铁桶阵"。

有定力,能够控制情绪,关键是能够冷静面对逆境。即使在出现CPA 个人无法承担的情况时,也不要惊慌失措,而是迅速做出决断:要么放弃,要么出具非标准意见的报告。不要怕前期投入多,损失大,也不能担心失去客户,影响事务所的收益。如果 CPA 被利益绑架,拘泥于某些蝇头小利,在大是大非面前迷失方向,那就是缺乏在逆境中的定力,以后付出的代价会更大。

4. 认识对手,谨防使诈

德州扑克牌手拿的是牌,对手却是人。形式上是在打牌,实际上是在"打人"。一副牌是固定的,是一个闭环的小系统;而千人千面,每个人的能力、秉性、习惯各不相同,是一个开放的大系统,充满了不确定性。也许,这种不确定性也是德州扑克的魅力所在。所以,德州扑克的牌手不仅需要阅读牌理,还需要看清对手。

要学会观察细节,在德州扑克游戏中,牌手需要观察对手的言行举止、下注的速度和下注的码量,推测其手牌和明牌的契合程度。但这只是一般的阅读牌局和对手。

高明的牌手在遇到陌生的对手后,能够在最短的时间内,看清对手的行牌风格,判断对手是激进的博弈者还是稳健的蚕食者;从对手在逆境和顺境中的表现,了解对手在游戏能力上的厚度。特别需要注意的是,一些对手的行为表情未必是他们内心的真实流露,有的面沉

似水,其实内心涌动;有的表情丰富,其实内心安稳。因此,更多地了解对手的背景情况,熟悉对手以往的游戏案例,便是高明的牌手需要做的预案。

日常审计工作也是如此。如果把 CPA 看作"守门人",把审计工作看作"猫和老鼠"的"游戏",那么研究客户、了解客户、熟悉客户就是不能忽视的一项基本要求。应该经常收集客户的信息,将看似无关联的信息有机地串联起来,并分析这些信息对后续结果造成的影响。比如,一家客户的财务总监突然离职,CPA 不应该孤立地看作是一次简单的人事变化,而是要弄清其中的来龙去脉。

就德州扑克游戏而言,了解对手,还有一个功能,就是防"诈"。"诈"是德州扑克的一种技巧,说得好听一点,就是利用各种手段,迷惑对手。这个"诈"有几层意思:一是明明自己拿的是小牌,却用叫牌、下注、加注的技巧,让对手感觉握着一手好牌,诱导对手在防范风险的心理暗示下放弃博弈;二是明明拿着大牌,却以示弱的表象,让对手不断加注跟注,获取最大收益;三是在行牌过程中,突然下一个或大或小的注,观察对手的反映,从而判断对手的牌力。

能否学会"诈"、利用"诈",是德州扑克高手是否达到较高水平的一个重要标志。了解、熟悉了对手,对手是不是在使"诈",或者在什么样的情况下会使"诈",就会有比较准确的预判,同时,也能够知道,在什么情况下,向对手实施"诈"的策略,对手容易上当。这就是兵法上的"知己知彼,百战不殆"的道理。

如何防"诈",是 CPA 执业生涯中必须练就的一个重要本领,这不是要去坑害别人,而是为了不被别人坑害。在实际工作中,有些动机不善之人事先已经设计许多陷阱和圈套,企图蒙混过关,一些有经验的会计师因为"心太软"未对某些会计差错予以调整,由此被客户公司当作可以不调整的理由,将错误的东西变成常态的业务来处理,审计师也会无形中陷入客户所挖的坑。

CPA 也可以使用一些类似"诈"的方法,用一些特殊手段来检测客户的某些环节是否存在问题,通过检测,暗示客户放弃可能存在的舞弊行为,回到正确的轨道。这种类似"诈"的手段可以节省未来可能再投入的成本,也是审计工作的一个特殊技巧。

德州扑克是一种游戏,审计是一项工作,但不管是玩游戏还是工作,有些原理是相通的。游戏使我们的生活丰富多彩,工作则让我们有安身立命的资本。懂得了这个道理,我们这些既玩德州扑克又做审计的人,便获得了双份的快乐。

从"斗地主"到斗会计舞弊

必须清楚"地主"和"农民"的关系。

每个位置有各自的基本职责，一般情况下不能越位。

在任何情况下不焦躁，心态在任何时候都很重要。

带足"干粮"，遇事不慌。

"斗地主"是一种扑克游戏，而非过去农民对地主的政治斗争。扑克"斗地主"是个俗名，规范的名字叫"三打一"，寓意三个闲家（农民）斗一个庄家（地主）。"斗地主"在中国各地都很火。上海电视台体育频道每天十点会播放一档叫"欢乐三打一"的节目，据说收视率不低。我在闲暇时，也会与同事玩一把斗地主，放松自己。

有次两位常在一起打牌的同事，因为工作中为客户的报表信息真实性发生一点分歧：一方认为客户公司有会计舞弊嫌疑；另一方则认为并非如此，对方有点小题大做。两人闹得不可开交，让我做"老娘舅"，给评评理。当时我觉得他们提供的信息量不够，无法立马判断对错，就要求他们去客户公司再多要一些财务报表信息。事后，我根据获得的信息再来判定，双方都非常认可。

此事给我一个启示，我们做审计的人，对待客户的会计舞弊行为如同"斗地主"，除了需要足够的牌力（足够的财务信息），还需要相互间的合作和信息的及时沟通,如果没有协作精神,没有坦诚的交流,就无法获得足够支撑结论的信息,没法合力完成审计项目,甚至因此丢失客户。

"斗地主"的一个最基本原则是三个农民要集合牌力,协调攻击地主。在牌局中,三个农民的牌力相加,一般来说会大于或等于地主牌力,但地主的牌力又会大于单个农民的牌力。所以,农民只有通过默契的配合,通过叫牌和出牌运行,掌握地主手中的牌力情况,并按照一定的出牌技术,分批次地消耗地主的牌力,才有获胜的可能。

牌局中,三个农民有不同分工,地主的上家称为"门板"。门板是一个阻击者的角色,即尽可能用好自己手上的牌力,阻挡地主过牌,不让地主获得"元宝"(很轻松地跟出手中的小牌)的可能,避免地主减少牌的手数。门板往往会消耗掉自己手上所有大牌,为成全整个农民团队,牺牲自己。地主的下家则是一个冲锋陷阵的角色,其命运往往也是牺牲者,在一副牌局中,一般由他向地主发起挑战,尽一切可能吸引地主火力,消耗地主的牌力,让同伴有获取胜利的希望。农民中的最后一位,也即地主的对家,一般担任牌局中的终结者角色。他一边依靠门板农民的阻击,一边依靠地主下家发起进攻获得出牌权,跟完小牌,理顺自己牌的结构,实施对地主的致命攻击,取得斗地主的胜利。

三个农民必须配合默契,分工明确,各司其职。做门板的任务就是阻击,地主下家的任务就是吸引地主火力,让地主的对家有一击致命的可能。三者之间不能轻易变化角色,不然,牌力容易分散,被地主找到破绽各个击破。同时,三者之间既要有分工,又要配合默契,随时观察同伴的出牌情况,调整出牌的大小、牌型结构。在条件特殊的时候,也可依据自己手中的牌力,不拘泥于约定俗成的套路。门板和地主下家都可以成为牌局胜利的终结者。

　　防范会计舞弊风险与"斗地主"有几分相似,就是与企图制造会计舞弊的人斗智斗勇。在审计中,被审客户相对来说处于强势地位,他们拥有的信息有的是公开的,有的是隐藏的。审计人员要在不长的审计时间里寻找公开的信息容易,但要找到隐藏的信息却非易事。而且,被审客户若有舞弊的动机,往往会不配合审计人员甚至设置更多的人为障碍,来阻拦审计人员获取信息。被审客户的强势地位,犹如斗地主牌局中,地主手抓一把大小王和王炸,可以任意掌控牌局变化。在此状况下,处于农民地位的审计人员,如果无法用合理有效的方法,来破解客户公司设置的审计障碍,弱化和分解被审客户的强势地位就很难圆满完成审计工作。

　　合理有效的方法,明确分工,各司其职,是做好审计的基本套路。做资产审计的人集中力量查阅资产的财务信息,做负债和权益的人专注于负债和权益的信息,而营业和成本费用则需要一个专职的审计岗位来完成。一支审计团队,就如同由三个"农民"组成的队伍,既要各司其职,又要互相配合、协同作战,在审计中互通信息,互相印证审计信息的真伪。在这个过程中,审计人员的信息沟通,需要一系列特定方式,在审计前或审计中进行个别交流或小组讨论。这有点类似斗地主的牌局中的叫牌。通过叫牌,农民可以大致了解掌握同伴手中的牌力情况,为下一阶段的出牌提供决策依据。而审计人员也可以利用审计前的交流,共享被审公司的信息情况,制定审计计划等。

　　在审计中也有"门板"角色,这一"门板"角色通常由专干苦活、累活的人员担任,比如做盘点的审计人员,要在年底的某一时点上,将数以万计的存货盘点清楚,这并非一件容易的事。特别在盘点类似獐子岛的水产、伊力股份的牛羊数量,是审计人员都知道的苦差事。审计人员若没有一定的耐力和责任心,要完成存货盘点工作,恰似"蜀道之难,难于上青天"。此外,做合并报表的人员也承担了"门板"角色。一家拥有数十家子公司的集团公司,其账套之多、之烦,需要做抵销的分录之多,也让人不胜其烦。而要将它们按时做出一张合并报表,审计人员常常要通宵达旦地工作。充当"门板"角色对审计人员来说是家常便饭,每一个审计人员或多或少会在不同的时间、不同的地方承担"门板"工作。这项工作对于审计人员来说是痛并快乐着。"门板"工作是特别能锻炼和培养人的一个通道,新进入审计职业的年轻人经过几年的"门板"角色历练,可以很快成为一个审计熟手。

在审计中,有时会出现一些难以判断的案例,即被审计单位的财务信息看似没什么不符合会计准则的处理,但审计人员还是觉得存在问题。此时需要审计人员作进一步取证和分析,这时的审计人员如同"斗地主"牌局中的农民,在双方牌力处于胶着状态时,需要调整出牌的牌型和主攻方向。即审计人员不间断地收集更多的财务信息资料,或做更多的分析性复核,包括与被审计单位人员进行较多的沟通,掌握了解被审计单位舞弊风险导向,为后续的审计判断提供依据。这些工作需要比较专业和规范的操作,才能事半功倍,达到目的。

在审计中也有终结者,他们往往是高级经理或合伙人。他们会根据审计人员现场审计后提供的信息,判断被审计单位是否存在不符合会计准则的财务信息或会计舞弊行为。若存在,则要求被审计单位进行会计调整,更改会计报表,若被审计单位不愿进行调整,则出具保留意见报告。总之,高级经理或合伙人对于会计舞弊风险,需要有高超的业务能力,同时,要有"一剑封喉"的勇气和胆识,如同"斗地主"游戏中,面对地主利用手中强悍的牌力夺路窜牌时,对家会适时用一把大牌终结地主想赢牌的冲动。高明的 CPA,总会在合适的时间,以合适的方式,用自己的专业能力,做出一个令人信服的审计报告。

"斗地主"与做审计还有一个相同之处,即有时玩的就是心态,看谁更有耐心和不出错。谁无耐心和出错,谁就拱手让出了有利于自己的牌局和审计结论。

每个牌手都有自己的擅长和不足。比如,有的特别善于承担"门板"的角色,地主想过牌非常困难;有的则比较擅长"冲锋陷阵",明明是一手小牌、烂牌,也能够吸引地主的"火力";也有的特别善于做地主,一手明明不可能赢的牌,诱导农民出错,在重重阻击中"杀开一条血路",扬长而去。

在技术层面,一起打几副牌就能够大致判断牌手的实力。这里说到"心态",就是在手势不顺的时候,有的牌手很容易犯急躁的毛病;有的则常常把责任推给同伴,抱怨责备;而有的则受到批评会受不了,打牌水准大大降低。

好的牌手能够了解其他三位牌手的技术实力和心理素质。由于地主和农民是随机的组合,因此,对于每一次组合,应采取不同的策略。自己做地主,就会考虑放大对手的弱点,各个击破;做农民,就会考虑如何发挥同伴的长处,尽可能把牌手的技术特长发挥到极致,即使是分析牌局,也会考虑到不同牌手的心理能力。这样的牌手,心态一定是非常稳定的,往往会成为牌局的主导者。

我们做审计的,要想出具一个正确的审计报告,消灭会计舞弊风险,除了审计人员的专业胜任能力,同伴的精诚合作和相互支持,最重要的一点就是保持良好的心态,不急于求成,在审计时不出错,不犯错。要记牢牌桌上流行的一句话:"农民不犯错,地主怎么赢。"

关于音乐的遐想

CPA需要专业以外的知识和爱好，丰富自己的人生阅历。

以音乐滋养人文情怀，音乐能够带来勇气和欢乐。

在激扬、恬静、轻松和震撼的旋律中，寻找工作的节奏。

在CPA行业，有人以为考出CPA的全科证书，加上外语、计算机技能，就能成为一个合格的CPA了。事实上，CPA不仅需要专业功力，还需要执业实践的历练和后续教育。这是因为CPA在与报表数字打交道的同时，更需要与人打交道，特别是与被审企业的高管打交道。这些人际交流除了要具备扎实的专业功底，还要有一点人文情怀和良好的沟通能力，否则就难以充分表达和显现专业知识。诚然，不能要求一个CPA知晓天文地理、琴棋书画，但至少应具备一点文学音乐等人文艺术的修养。人文知识可拓展思维空间，有时是CPA人际交流的黏合剂，可以增加客户对CPA的认可度。

音乐作为一种无国界的艺术表现形式，不仅能陶冶人的情操，给人带来美的享受，更可以在潜移默化中影响和塑造人文素养。而在音乐中，交响乐又是我们体验音乐之美的一个重要形式，同时也是塑造团队精神的一个重要参照物。

一支交响乐队少则数十人，多则上百人，像一个庞大的团队。在一部交响音乐作品的演奏过程中，要有不同器乐小组互相配合，如弦乐组、管乐组、打击乐组。而在每一个器乐小组中，又有不同的分工，弦乐组中有小提琴、中提琴、大提琴、低音提琴，管乐组中有铜管、木管。每个乐组中又有一个首席演奏员。不同的器乐、不同的演奏人员组成一部精密的"演奏机器"，共同完成一部作品，断然少不了个人与个人的配合，团队与团队的配合。无配合，则无作品。这个原理对于我们做审计的同样适用，一个审计项目由审计员、项目经理、业务经理、合伙人共同协作完成，缺一不可。

当然，一支交响乐队的灵魂是指挥，指挥驾驭着数十人或上百人，完成一段旋律，需要有高超的判断力。在指挥台上，一般人看见的是指挥挥舞着一根细细的、短短的指挥棒，在这根指挥棒的引领下，一个数十或百人组成的乐队演奏出不同音乐声部，奉献或雄浑，或清丽，或激越，或委婉的音乐大餐。对于指挥的作用，人们只是看见了舞台上聚光灯下的高大形象，并为这种形象倾倒，但事实上指挥家在舞台上的表现，只是一个方面，更多的是在演出前的演练。当某一位演奏员出现失误时，哪怕只是降了半个调，或者力度不够，指挥家的耳朵都会敏锐地在百来号人的演奏中辨别不合拍的杂音，这才是一位指挥的"内功"所在。正是这样的指挥家，他的指挥棒才是整台音乐会的灵魂，才能带出顶级的乐团。

我们也可以用发散的思维来理解不同风格的指挥家，欣赏他们用不同的方式来演绎音乐作品，如著名指挥家卡拉扬和小泽征尔指挥同一部交响乐，肯定有不同的指挥特点，前者可能在乐队的恢宏气势上更胜一筹，而后者则在乐队的细节处理上有独到之处，我们完全可以在欣赏音乐中，丰富我们的思维。

一支好的乐队，就像一台精密的运转机器。在指挥的带领下，乐队成员各司其职,各尽其责,演奏出美妙的旋律,我们可以充分感受不同的音乐表现形式给我们带来的美感或者某种精神力量。这也会给我们的生活、工作带来更多的启发。当我们聆听贝多芬的第三交响曲——《英雄交响曲》时,我们会从乐曲中感受到那种英雄主义的人文力量。贝多芬的第五交响曲——《命运交响曲》和柴可夫斯基的第六交响曲——《悲怆交响曲》都是歌颂挑战命运的勇气的经典乐曲。这些大型交响乐曲,每一个乐章都用不同的表现手法,展现了每一个在命运的十字路口徘徊的人,如何应对人生。这犹如 CPA 面对被审计客户的繁多复杂,在一头迷雾中寻找不到准确的审计信息,无法判断和给出审计结论。彷徨和迷茫中,如果来一曲《命运交响曲》或《悲怆交响曲》,聆听那几个圆号发出的强音,仿佛听见命运的敲门声。然后,随着乐曲《命运交响曲》主题的展开,我们可以更多地感受到这些伟大的音乐家给予我们的战胜困难的勇气。或许借助音乐的启发,我们会更好地在审计中排除各种障碍,在一堆乱麻中捕捉我们可用的审计信息,从而作出审计结论。

贝多芬的第六交响曲——《田园交响曲》,则给我们带来音乐的另一种魅力。音乐家用音乐描绘了美好的乡村田园风光和人与自然的美好交融。初到乡村时的喜悦,溪水的潺潺流动声,雨过天晴后的美丽彩虹——人间最美的时刻完美地呈现在我们的眼前。这样的音乐旋律像是一道清泉流过我们的心坎,唤起我们对美好生活的向往和憧憬。在这样的生活意境中,CPA 当然会产生对生命意义的追求,并以最强的专业知识、最强的工作责任心,投入自己的审计工作,将完美无瑕的审计报告呈现给社会公众,赢得社会公众对会计师这一职业的尊重。

贝多芬的第九交响曲——《欢乐颂》,则演绎了成功的喜悦和欢庆场面的恢弘。在铜管乐和打击乐的衬托下,男女声合唱表达了欢庆胜利和世界大同的主题。在这样的音乐旋律中,聆听音乐的人无不深受触动。CPA 从真实、真诚的理念出发,追求职业的纯洁性,在应该做好审计的时候用心做好审计,在应该收获审计成果的时候,用心享受审计带来的快乐。生活的美好不仅是用来创造的,也是用来享受的。音乐可以滋养心灵,做一个优秀的 CPA 可以诠释审计的本质意义。

贝多芬的交响音乐气势恢宏、澎湃有力,是我们可以借鉴的精神力量,我们同样可以欣赏莫扎特的温婉动人的旋律,从另一个侧面理解音乐、享受音乐。无论是贝多芬的音乐作品还是莫扎特的音乐作品,都需要好的乐队和指挥来表现。好乐队是演奏美妙音乐的基础,好指挥则是提升乐队完美演奏能力的保证,缺一不可。两者完美结合,美妙音乐水到渠成。把音乐与审计串在一起,也许在普通人眼里有些离谱,然而事实证明,多听音乐除了可以提高人文情怀,培养多纬度的思维方式,还可以健脑。据芬兰科学家研究证明,经常听古典音乐可以开发大脑的潜力。做审计的人天天用脑,因此养脑健脑至关重要。为了做好审计工作,CPA 可以多听点音乐。

CPA 也有"诗心"

CPA 也有"诗心"。

CPA 通常给人以严谨、刻板的印象。CPA 每天与数字报表打交道,工作时冷静理性,但生活中并不是无情无趣。人有多面性,走到哪山唱哪山的歌。CPA 在工作之余呈现的是丰富多彩的特质,他们能歌善舞、多才多艺,激情澎湃,丝毫不亚于 CPA 圈外人士。一次旅行、一份美食、一段音乐,都有可能打动 CPA,引发他们感慨万千。所以,说 CPA 有诗心,绝对不奇怪。我们所就有加入作协的同仁。我不作诗但喜欢读诗,最爱唐诗宋词。茶余饭后,夜深人静,忙碌以后小憩,我会读几句或者背几句。有时我触景生情,有感而吟诵,好似与诗人神交,有所得,且有所悟。

在际遇艰难时读好诗,心底会豁然开朗。

审计从业人员表面上看很是光鲜,但内心却有道不出的苦衷:执业环境日趋规范,社会公众对 CPA 作为"经济警察"的期待越来越高,主管部门对 CPA 的监管越来越严,而被审单位,特别是个别上市公司经常造假舞弊。眼前的路很难走。李白的诗句:"噫吁嚱,危乎高哉!蜀道之难,难于上青天!"写出了蜀道之难,也写出了 CPA 的执业之难。有时面对冷酷无情的执业环境,CPA 的心态便是柳宗元的"千山鸟飞绝,万径人踪灭。孤舟蓑笠翁,独钓寒江雪。"

出年报的季节,通宵达旦工作是 CPA 的常态。睡眠时间被大大压缩,有时候真想"春眠不觉晓",却常常陪伴"夜来风雨声"到天明,更无暇看看"花落知多少"。在 CPA 的职业生涯中,谁也统计不出加过多少次班,度过了多少个不眠之夜。有时候打一个瞌睡,枕着的不是软绵绵的枕头,也许是月光,也许是硬邦邦的椅子靠背。

每年年报审计完成之后,主管部门的监管检查是 CPA 需要面对的一项考验。对 CPA 来说,接受检查是一项工作,也是一种义务。然而,忐忑往往如影随形,尤其是对年轻的 CPA 而言,更是严峻的考验,正所谓"近乡情更怯,不敢问来人"。

CPA 的工作困难重重,我感觉可以从读诗中获取能量。遇见困难,"凄凄惨惨戚戚",必然是越读越凄凉,最后读成"断肠人在天涯"。在困难面前,记得"千淘万漉虽辛苦,吹尽黄沙始到金""宝剑锋从磨砺出,梅花香自苦寒来",就会把压力化作动力。其实,CPA 就是这么坚持的,没有艰难困苦,何来玉汝于成。

如能想到不羁的诗仙,想到"长风破浪会有时",憧憬"直挂云帆济沧海",就会有战胜困难的无限勇气。

在彷徨纠结时读诗,可觅得一份不寻常的淡定。

CPA 被称为"看门人",就有看门人的责任和权限。当 CPA 基于被审客户会计财务信息不符合审计准则要求而出具保留意见时,可能会受到一些人为干扰:有的用利益来诱惑,换取被审单位想要的审计意见;还有的就是来自亲友、师长和其他熟人的说情,希望 CPA 按照被审单位的要求出具审计意见。相信大多数 CPA 或多或少都有这样的遭遇。

每到此时，首先想到的就是："行到水穷处，坐看云起时。"应先安定自己的内心，厘清哪些是可以提醒帮助的，哪些是底线，红线不能逾越。对于原则，只能"咬定青山不放松，任尔东西南北中"。当然，和请托者进行沟通，晓以利害，也是必需的，千万不能"欲说还休，却道天凉好个秋"。

一个优秀的CPA往往忠孝不能两全。长期在外出差，是CPA的常规动作，有的审计人员在一个忙季里，很难回到家里照顾家人。忙碌的工作和对家人的照顾不周，往往使新入行的CPA陷入两难境地。在异乡忙碌工作，总有一丝牵挂，"举头望明月，低头思故乡"是人之常情。但即便有再多的思念之情，CPA们还是应该负重前行，这既有挣钱养家的动力使然，更是出于一种职业的责任心和使命感。CPA长期在外出差，读到李商隐的"君问归期未有期，巴山夜雨涨秋池。何当共剪西窗烛，却话巴山夜雨时"时，便会对回家怀着满满的期待，抓紧工作就有了更大的动力。有时候CPA读到韩愈的"男儿何不带吴钩，收取关山五十州"，一股豪气便油然而生。

CPA在归家之后，做出一份出色的年报，是对家人们最好的交待。

CPA跨过艰难险阻，完成一个年报季，诗歌最能承载那份喜悦。

"愤怒出诗人"。无非是说好诗都有强烈的感情，没有真实的情感，就是"少年不知愁滋味，为赋新词强说愁"，味道寡淡得很。杜甫曾作诗："白日放歌须纵酒，青春作伴好还乡。"以致一路狂奔，"即从巴峡穿巫峡，便下襄阳向洛阳"。其实，杜甫正饱受战乱之苦，得知官军收复失地，"剑外忽传收蓟北，初闻涕泪满衣裳。却看妻子愁何在，漫卷诗书喜欲狂。"没有前面的"涕泪"和"愁"，哪来后面的放歌纵酒，青春作伴？

　　CPA 要完成一份无瑕疵的审计报告，并非只是吃苦受累就能解决问题。审计中的信息不对称，被审单位的配合不力，都是横亘在 CPA 面前的一道道坎。有时，当年新增的客户没有以往的审计历史资料，其财务资料的真实性缺乏足够的支撑。比如，被审计客户的行业具有特殊性，没有相同的审计案例可以参考。在审计实务中，"山重水复疑无路"是 CPA 常遇到的事。这时候，不仅仅是拼体力，更需要整个团队的紧密合作，以专业的智慧来解决一个个难点。

　　CPA 的工作虽然辛苦，但只有苦尽才能深刻体会甘来。所谓"千淘万漉虽辛苦，吹尽黄沙始到金"，几个月的年报季完成，CPA 的"农忙"收工，一句"青春作伴好还乡"，道不尽满心的喜悦。"两岸猿声啼不住，轻舟已过万重山"描绘了 CPA 经历了艰辛之后真实的愉悦和轻松之情。还有什么比这些隽永的诗句更能表达 CPA 的情感呢？

　　以唐诗宋词为代表的中国古典诗词，早已"随风潜入夜，润物细无声"，润泽我们的生活，融入我们的基因。艰辛、苦恼、相思、兴奋、羞怯、喜悦，都可以在古诗词里找到合适的表达。记得我们读中学的时候，有不少同学会把自己觉得美好的词句记在小本子上，唐诗宋词是其中最重要的部分。好的诗词，是那么的随意，那么的自在，不经意的一句话，打开了你的心扉。"两情若是久长时，又岂在朝朝暮暮"，让绵长的思念有了期盼。"桃李春风一杯酒，江湖夜雨十年灯"，让知己的情谊平添岁月风雨的积淀。好的诗词更是一壶好酒，让人生增添"君不见黄河之水天上来，奔流到海不复回"的豪情。"莫道前路无知己，天下谁人不识君"，让人平添一份自信。"苔花如米小，也学牡丹开"，我一直对诗人抱有崇敬的心理,因为自己写不出好的诗句,但读诗,欣赏诗却是我终生的爱好。理性冷静的 CPA,需要诗词的瑰丽,需要诗词的随性。

原则、风险、服务

——新格局下的新思维

这是一个产业变化替代的时代。

中国经济的高质量发展使中国有更多的话语权。

注册会计师必须深刻研究，认识这个变化，做好充分的准备。

原则始终不能放弃。在更大的格局中认识风险控制。在更宽领域拓展服务创造价值的空间。

原则、风险、服务看似是三个独立的概念，风马牛不相及，但在我看来，却是一个有机的融合体。特别是对于我们执业会计师，把这三件事做好了，我们的执业质量就能有更好的保证。这是因为，在当今这样一个千变万化的时代，对于审计模式、审计理念和审计方法亦需要进行补充、完善，有些内容可能还需要重新定义。执业会计师需要做好这方面的准备。原则、风险和服务，在这些变化中的作用显得尤其重要。

1. 大变局迎来新格局

（1）充分认识新兴产业带来的业态变革

过去的三十年，各类新兴产业的发展可以说眼花缭乱，尤其是通信技术的发展,给互联网普及应用带来了爆炸式的发展。当普通食品店被小超市逼上绝路,转眼大卖场便压缩了小型超市的发展空间。网购的普及,又让大卖场走上惨淡经营的尴尬境地。曾经无限风光的"万达城"独领风骚十余年,城市综合体的功能又面临重新定义,这些变化在中国尤为突出。无数的新业态精彩纷呈,蚕食、替代原有的业态。当浙江的某个县城涌现出一批单靠人力为主的快递公司的时候,谁能够想到,没过几年,这家快递公司就让中国邮政这个庞然大物没有了"脾气",开创了物流领域的新局面。有专家说过,所有的新技术,特别是新经济业态,在中国很多地方都可以找到。产业的更新,业态的迭代,超越了行业和国界。现在我们面临的许多问题,不仅我们过去没有遇到过,甚至其他一些发达国家过去也没有遇到过。

这些变化,对于执业会计师而言是一个重大挑战。审计是一门实践性、艺术性非常强的学科,需要我们对不同业态有深入了解,对发展前景有更广泛的视角。事实无数次提醒我们,解决重大审计问题,最终可能并非仅依靠单纯的审计手段,有时需要了解审计手段之外的方法和途径,其中包括对这个行业、业态和发展的全面了解。

（2）充分认识资本的两面性

最近几年,资本的影响已经渗透各个领域,在个别领域甚至如洪水一般,形成裹挟一切的态势。资本具有两面性,一方面对经济发展具有积极的促进作用;另一方面,资本的逐利特性有其贪婪的特质,尤其当资本抱团时,一个强大的利益同盟自然产生,这给社会治理带来极大挑战,也给执业会计师的工作构成巨大挑战。过去我们所面对的客户可能是一个单体运作公司,未来我们可能面对的是多元化的投资主体和利益主体。发达国家经济体的财阀、财团在政治、经济、文化和社会舆论方面的能量是不可估量的。这样的资本力量必然有强大的专业团体和职业操盘手在法律层面把违法违规的行为处理"干净"。因此,执业会计师不再是单纯与一家企业斗智斗勇,可能是与一个利益集团进行博弈。如此,传统意义上所定义的那些审计手段和审计方法必须要有革命性的突破。

（3）充分认识中国的发展对世界进步的积极作用

变化是时代发展的永恒主题,发展总是螺旋式上升。几十年来,中国围绕发展进步的主题,按照"两个一百年"奋斗目标踏实前行,取得了举世瞩目的伟大成就。可以预见,未来中国不仅是一个制造业强国,更重要的是,伴随着这样的进步发展,中国会在领先的领域自然成为规则的制定者和引领者。这种规则的引领和制定,并不是谁允许或者谁愿意可以决定的,而是发展的内在逻辑使然。因此,时代的发展,需要审计执业者有更高的站位和更大格局。

因此,许多规则,如会计准则、审计准则等必然会为了适应这样的发展,处于一个动态完善的过程中。什么叫动态完善? 具体说,比如政府出台的一些规则,在资本市场运行一段时间后,可能出现滞后,或者存在一定的不足或者漏洞,会在相当长的时间内与现实进行磨合,甚至冲撞。执业会计师作为这些规则的执行者,需要在执行过程中不断探索,有时候需要付出试错的代价。这就需要执业会计师具备一定的勇气,敢于担当。

中国的发展进入一个创新的阶段,执业会计师也需要有创新的准备。这个阶段,原则、风险、服务三重思维,是我们未雨绸缪,顺应发展所必需的基本要求。

2. 坚持原则导向，应对大变局

坚守原则是审计的第一要务。审计的出发点和目的是规范。规范的标杆就是原则。在变化多端的现象面前，坚守原则是我们安身立命的底线。

审计领域中的原则就是会计准则和审计准则。任何审计执业行为，都必须依赖和遵从这两个原则导向。

第一，会计准则导向。会计准则是能够客观、公允、真实地反映企业经营状况的一个计量标准。因此，企业只有在遵从这个计量标准的前提下，才能对企业经济业务中所发生的营收、成本、利润、资产等经营信息有真实的反映。如果脱离了会计准则或有人为加持的现象，那么从本质上来说，它就有了虚假成分。所以，遵从原则是第一要务，也就是说是一种必须固化的行为。对于注册会计师而言，就是在原则导向的基础上，运用自己的专业素养，在一定范围内灵活运用原则。原则是刚性的，同时也是理性和具有普遍性的，我们的职能就是把现实中丰富多彩的具体行为，与刚性的原则框架契合起来，理解规则中的红线、黄线和绿线。

我们必须深刻领会会计准则及其相关规定，领会它们在企业报表中如何体现，再核实确认企业所反映的会计报表是不是真实，偏离度有多大，是不是偏离到了造假的程度，有没有及时地纠偏。

会计准则导向的现实意义非常鲜明，实务中，企业会计核算应该符合会计准则要求。我们的原则性导向是：一就是一，二就是二，不可篡改，但可以把会计准则的各要素有机衔接起来，灵活运用，让企业财务报表更符合准则的要求，充分体现准则的价值。

第二,审计准则导向。审计准则是我们的护身符。在目前的法治环境下,我们按照审计准则的要求建立体系、开展工作,就不会犯错误。但是,有位行业资深专家曾言:"在国际案例中都是以结果为导向的。"也就是说,如果你的客户有问题,一般来说会计师是难辞其咎的,对 CPA 会有影响。从目前的监管情况看,只要我们严格按照审计准则要求做,就可以免除责任。所以,审计准则是我们执业的指南,也是注册会计师任何时候都必须坚守的原则。

无论是会计准则还是审计准则,在坚守原则的同时,我们还必须面对新问题。当原则不能机械面对现实问题的时候,弹性地把握就是考验执业会计师的内功。审计准则是一个工具箱。对于不同的业务、不同的经济现象,我们会采用不同的方法和工具去解决和发现问题。实际操作中,一方面,要完成审计的规定动作,这是必须的;另一方面,也不能简单地认为完成规定动作就万事大吉。在新的形势下,执业会计师有时候面对的是一个完整的系统,有些问题是规定动作不能发现的。因此,我们需要采用一些准则之外的方法和手段,去破解一些实际工作中出现的新问题、新难点。当然,这些手段和方法必须符合法律、法规的要求。

在对准则的认识上,我们必须有一个坚定的态度:就是在变革发展的特定时期,当理性的规则不能完全涵盖丰富的现实经济活动的时候,作为规则执行人的执业会计师,可以在方法和路径上有所创新,可以寻求一定范围的合理的变通,但不能挑战原则,逾越红线。

3. 要有大格局的风险控制观

经营者和 CPA 都知道,经营活动中必须要规避风险,这是基本常识。但这只是简单笼统的认识,我们必须明确界定风险控制的真正意义。

实务中有一种观点,即把风险控制的核心理解为保护自己。保护自己没有错,但仅仅是为了保护自己,这是狭隘的风险控制,格局就太小了。风险控制的真正目的是保护客户,只有客户不犯错误,CPA 才可能不犯错误。如果客户犯了错误,CPA 实际上已经犯了错误,只不过还没认识到而已。就风险控制程度而言,不犯错误是一个较低的水平。高级水平是通过风险控制创造价值,提供增值服务。具体有以下几个要点。

第一,要明确风险控制的目的是不让客户犯错误,从而保证 CPA 也不犯错误。有些执业会计师往往强调,技术上我不能有错,我错了以后别人来查我底稿怎么办。有了这个想法,CPA 在现场与客户交流时,只是从保护自己出发,这样已经犯了一半错误。换言之,如果 CPA 在实际操作过程中一切为客户着想,并且把这个目标完整地传达给客户,取得认识上的一致,同时获得相互的信任,风险控制的意义就不一般。当然,不是说要为了维护客户的一些短期利益而作出某种妥协,例如,重新制定会计师的审计方案和履行审计程序。

第二,要充分识别风险。有些执业会计师讲到风险,往往会从一个极端到另一个极端:要么对某些重大问题视而不见,要么把什么事都看成大问题,把芝麻当作西瓜,搞得大惊小怪。有经验的 CPA 或合伙人,对哪些因素将可能颠覆会计报表或误导投资者,而哪些因素并不会造成重大过错,一定要心中有数。有经验的 CPA 有点像有经验的老中医,好像不动声色,也没有兴师动众的检查手段,看一看病人的脸,搭一搭脉,对于什么疾病就基本清楚。然后,进一步察言观色,询问一些问题。这个病在哪里,应该采用什么方法,用什么药,就有了一个方案。

CPA 也一样,是否深入企业调查研究,其结果是完全不一样的。在办公室听汇报,不如自己到企业现场去看一看、走一走,去"望闻问切"。CPA 与实际控制人沟通之后就会有第一感觉,就会有个基本判断。所以,正确的态度是不缩小不夸大,不走极端,实事求是。CPA 要具备一定的识别能力,需要有丰富、扎实的专业功底,需要有实务操作经验来支撑。

第三,风险控制必须要有所创新。十几年前,立信所曾有被证监会认可的创新的案例。一个上市公司跨境并购重组的项目中,其中的一个技术性问题非常难以处理,后来 CPA 在同事及各方的帮助下,采用了既符合会计准则要求,又符合审计准则要求的处理办法。这个办法对某些会计表述有所突破。这样的处理也得到了证券交易所的认可,他们表示这样的处理方式符合规则并且具有可操作性,合理规避了风险,化解了各种矛盾。这也是会计、审计创新的一个很好的案例,有创新才会有价值。

第四,风险控制的具体实施是一个动态的过程。一定要防止观念固化,要注意有的做法别人能做的,你不一定能做。有的客户会对会计师说,其他上市公司就是这样做的,我也要这样做。但事实上,这种做法未必合规。此外,有些方法过去能做,甚至自己也曾经做过,但现在不一定能做。甚至今天能做的,明天不一定能做。规则在变,CPA 要有动态思维、发展思维。每一个具体案例背后都有其特定的环境和条件,脱离了具体时间节点和环境条件,参照过去的案例无疑是刻舟求剑。2021 年的年报审计中,大股东占用资金是条红线,不可逾越。

在 2021 年之前，对大股东占用资金的监管可能就没那么严。有些人会问为什么会发生这样的变化？这是因为当一种问题蔓延成为一种普遍性、倾向性的问题的时候，踩"急刹车"是完全可以理解的，也是必须的。资本市场环境千变万化，制度的完善是个动态的过程。我们对所审计的客户一定要有深入的了解，要把客户的情况搞清楚。即使监管部门来检查，CPA 都可以从容应对。也就是搞清楚过去怎么做，现在怎么做，对原因结果和变化都有合理合规的交代，这才是一个高明的 CPA。

4. 树立服务创造价值的理念

审计行业是特殊的服务行业，服务是宗旨。坚持原则和控制风险，就是为了更好地完成服务。狭义的简单的服务和广义的优质的服务有一个界限，那就是"服务创造价值"的程度。如果处理得当，不仅回避风险，还能创造一定的价值。

在服务过程当中，如果客户因为 CPA 的特殊服务创造了价值，那么 CPA 的价值相应得到肯定，CPA 本身也会有所提升，并得到相应回报。俗话说，客户赚大钱，CPA 才能赚小钱；客户赚不到钱，CPA 可能也赚不到钱。正所谓成就了客户，也成就了自己。如果客户赚不到钱，你还能赚大钱，结局一定不美妙，有时候会很惨。道理很简单，CPA 与客户有唇齿相依的关系。

在创造价值这方面，有两点比较重要。

第一，客户的需求和 CPA 服务的延伸是一个重要方面。

客户的需求是我们提升服务的方向。首先是要了解客户的需求，并分析这些需求的合规合理性,然后利用我们的专业素养和整个事务所的资源,帮助客户寻找达到合理需求的路径和方法。这是扩大服务范围,延伸服务的长度和宽度,提升服务层次的重要契机。

服务的延伸首先是做好基础工作,基础扎实,才能提升和拓展。举个简单的例子,对会计信息的深度理解,可从中发现更多的潜在意义,如对产业资本重组变动的影响,甚至对一个企业人才引进和储备的参考价值等。另外,可利用事务所这个平台,为客户提供产业升级、资源交互配置等信息,事务所本身就有这样的潜力。

其实,国际上的一些大所就是如此抓住优质客户的:不断满足客户的不同的需求,解决客户需要解决的各种问题,甚至未雨绸缪,为客户考虑未来可能需要的服务。客户因为得到了有价值的服务而信任你,最后,愿意与你所签订服务合同。正如有的客户所说:"虽然收费贵,但他们很好地解决了我们更多的问题。我们就认这个所,认这个所的会计师。"

第二,专业能力和沟通能力是创造优质服务的两个翅膀。

要想提供优质的、能够创造价值的服务,专业能力是基础。CPA服务的对象,没有一个傻瓜。客户需要的是实力强、能够解决问题的CPA。能力弱的CPA在这个市场不可能长久生存。实务中,当与客户达不成一致的意见时,能力弱的CPA无法找出问题核心所在,尽管退让、妥协,往往也得不到客户的尊重。而能力超群的CPA往往会在很短的时间内发现问题所在,做到不祈求,不退让,既坚持原则,又能解决问题。即使客户未必完全赞同一些做法,其间的交锋可能还很激烈,但问题解决了,客户会内心折服,尊重CPA,愿意与CPA交朋友。

沟通能力同样重要。有的CPA专业能力很强,但是沟通能力却很差。同样一句话，倘若在别人嘴里可以表达出一个完整的意思并且接受度很高，但对沟通能力差的人而言，因其表达不畅，甚至会激怒客户，把客户说得火冒三丈。我们的服务表面看是提供财务信息的审核，但最终是给客户提供服务，客户是人。因此，沟通能力具有举足轻重的作用。

专业能力和沟通能力是一对翅膀，"两力"组合，形成CPA的人格魅力。沟通能力大大超过专业能力，往往给人造成"绣花枕头"，甚至油嘴滑舌的印象；而专业能力大大超过沟通能力，往往不能协同各方优势，难以成长为团队领袖，工作成效也会事倍功半。要想适应发展的需要，提供更有价值的服务，必须"两力"都要强，"两力"的发挥都要恰到好处。

时代的发展超出了很多人的预估，变化促使我们积极创新。在这个发展变化的时代洪流中，CPA必须要有大格局，才会有大作为，才会勇立潮头。CPA要高度重视原则、风险、服务，正确处理好三者之间的关系，做到坚持原则，管控风险，以优质服务为客户创造价值。